Deine Berufung als Empath

Wie du als sensibler Mensch das Leben führst, das wirklich zu dir passt. Eine Herzensreise von der Sehnsucht zur Verwirklichung

Katrin Winter

© Copyright 2021 - Alle Rechte vorbehalten.

Rechtliche Hinweise:

Dieses Buch ist urheberrechtlich geschützt und nur für den persönlichen Gebrauch bestimmt. Ohne die Zustimmung der Autorin oder des Herausgebers darf der Leser keinen Inhalt dieses Buches ändern, verbreiten, verkaufen, verwenden, zitieren oder umschreiben.

Haftungsausschluss:

Die in diesem Dokument enthaltenen Informationen dienen nur zu Bildungs- und Unterhaltungszwecken. Es wurden alle Anstrengungen unternommen, um genaue, aktuelle, zuverlässige und vollständige Informationen zu liefern. Die Leser erkennen an, dass die Autorin keine rechtlichen, finanziellen, medizinischen oder professionellen Ratschläge erteilt. Durch das Lesen dieses Dokuments stimmt der Leser zu, dass die Autorin unter keinen Umständen für direkte oder indirekte Verluste haftet, die durch die Verwendung der in diesem Dokument enthaltenen Informationen entstehen, einschließlich, aber nicht beschränkt auf Fehler, Auslassungen oder Ungenauigkeiten.

Inhalte

Einführung 1

Berufung – warum und wozu? 5
    Was ist Berufung eigentlich? 5
    Berufung finden - die Sehnsucht des Menschen nach Sinn 12
    Der Weg nach innen – die Basis für deine Berufung 15
    Deine gefühlte Rolle in der Welt – die Basis für deine Herangehensweise an das Thema Berufung 21

Deine Geschichte und deine Berufung 23
    Wo bist du zu Hause? Berufung befindet sich jenseits des Zaunes 23
    Blockaden – was hält dich ab, deine Bestimmung zu entdecken? 25
    Die Bedeutung des Reiters 32

Was bedeutet Berufung für einen Empathen? 37
    Was ist ein Empath? 37
    Empathie – die wiederkehrende Verbindung zu deinem Menschsein und der Schatz des Augenblickes 39
    Intuition und Empathie – zwei unzertrennliche Schwestern auf dem Weg in deine Berufung 46
    Die Liebe wiederfinden 49

Die Kraft deiner Empathie entdecken 53
    Empathie als richtunggebende Kraftquelle 53
    Empathie als Basis für persönliches Wachstum 59
    Selbstlosigkeit und Empathie 64

Das geeignete berufliche Umfeld 67
Was ist der Unterschied zwischen Beruf und Berufung? 67
Die Weltanschauung bestimmt deine Berufung mit 69
Andere Welten entdecken 71
Gemeinsame Werte im beruflichen Umfeld 72
Wichtig für Empathen – die äußeren Gegebenheiten 75
Und wenn meine Berufung und mein Beruf getrennt sind? 77

Der Weg zu deiner Berufung – kreative und praktische Hilfestellung 81
Erste Schritte zur praktischen Umsetzung deiner Träume und Ideen – innere Haltung 82
Inspirationsbox neuer Gewohnheiten 91
Die Wahl des sozialen Umfeldes 94
Fragen und Antworten 97
Der richtige Zeitpunkt 111
Im Dunst der Dualität 115

Nachwort 117

Quellen und weiterführende Literatur 119

Einführung

Mit den folgenden Worten wendet sich dieses Buch an dein Herz. Von ihm gehen die Ströme des Lebens aus, welche dir die Richtung in eine leuchtende Zukunft aufzeigen. Eine Zukunft, die sich lebendig anfühlt, lebenswert und erstrebenswert ist.

Du möchtest ein Morgen vor dir sehen, für welches es sich lohnt, aufzustehen. Du möchtest herausfinden, wozu du auf dieser Welt bist, welchen Unterschied es macht, dass du morgens aufstehst, dich streckst, ausrichtest und dem Tag mutig und motiviert entgegensiehst.

Vielleicht befindest du dich in deinem Heute in einer Situation, die es dir schwer macht, zu hoffen, oder dir gar eine Zukunft vorzustellen, die deine Seele anspricht. Vielleicht hast du gelernt, dass das Leben grundsätzlich keinen Spaß macht oder es vorrangig ein Versteckspiel um die Anteile ist, die dich wirklich ausmachen.

Stelle dir vor, du gehst in der Fußgängerzone spazieren. Du begegnest vielen hundert Gesichtern, hinter denen sich jeweils individuelle Geschichten verstecken. In wie vielen Gesichtern kannst du eine ansteckende Lebendigkeit entdecken? Wo findest du eine Regung, einen Hauch von Glück, einen Eindruck bleibender Zufriedenheit, ein tiefes Wohnen im eigenen Sein? Fällt dir auf, dass wenig Begegnung mit dem tiefen Kern der Menschen um dich herum stattfindet?

Schlechte Erfahrungen, alte Verletzungen, die Anforderungen des täglichen Lebens und die Abgeschnittenheit von unserem wahren Selbst führen den Menschen in eine tiefe Krise, in der er sich selbst nicht mehr im Spiegel erkennt. Wir möchten frei atmen und das Gefühl haben, unser Leben als das Unsere zu erkennen.

Die Suche nach deiner Berufung ist vor allem eine Suche nach dir selbst, eine Sehnsucht nach deinem Wesen, nach deiner Essenz. Wenn du gefunden hast, was dich im Kern bewegt und lebendig macht, wird sich dein Leben danach ausrichten und die Kraft, die du aus deiner inneren Quelle beziehst, wird dein Tun in einer völlig neuen Weise beleben, sodass es für dich und deinen Wirkungskreis wie auf dich zugeschnitten scheint.

Deine Berufung, zu leben, bedeutet, dem inneren Ruf zu folgen, der sich in dir bildet, wenn du der Stimme der Sehnsucht folgst. Etwas in dir weiß bereits von Beginn an, wozu du hier bist.

Du wirst gebraucht. Du machst einen entscheidenden Unterschied. Die Zukunft, in der sich entfaltet, worin genau dieser Unterschied besteht, beginnt heute.

Mit jedem Gedanken, jeder Entscheidung und jeder daraus folgenden Handlung kreierst du dein Morgen. Ist es nicht wundervoll, dass du heute damit beginnen kannst, schöpferisch tätig zu sein, indem du dir Stift und Papier zur Hand nimmst, in die Worte und zwischen die Zeilen dieses Buches eintauchst und deinen inneren Horizont erkundest, indem du dir vorstellst, was möglich ist?

Sei ermutigt, zu expandieren. Dein Heute ist dein Ausgangspunkt, doch die Zukunft ist so viel weiter, gehaltvoller und reicher, als du bisher ahnen kannst. Stelle dein Herz auf eine freudige Erwartungshaltung ein!

Deine Berufung möchte sich entfalten und gedeihen. Trage sie verantwortungsvoll und aufmerksam, nähre und pflege sie, erweitere und präzisiere deine Vorstellungen und glaube, dass sie in dieser Welt gebraucht wird.

Und dann – staune.

Bist du bereit, die Reise von der Sehnsucht in die Verwirklichung anzutreten? Herzlich willkommen in einer kleinen Welt voller Inspi-

Einführung

rationen, Ideen, praktischer Übungen und Ermutigung mit diesem Buch.

Du wirst erkunden, was es mit der Verbindung zwischen einem zutiefst mitfühlenden und empathischen Herzen und der Sehnsucht nach einem sinnhaften Leben auf sich hat, wie du deinem roten Lebensfaden auf die Spur kommen kannst, der dir wertvolle Hinweise auf deine Essenz liefert, in welchen inneren und äußeren Gefilden du dich wohlfühlen und aufblühen und vor allem wie du sie finden und gestalten kannst und wie du Wege beschreitest, die dir über dein bisheriges Sein weit hinaus helfen und dich auf ein freies Feld der Möglichkeiten stellen, aus denen du wählen kannst, was dein Herz begehrt.

Dieses Buch ist für dich ideal geeignet, wenn

- ➢ die Sehnsucht in deiner Brust brennt, seit du denken kannst – und nun nach Ausdruck drängt
- ➢ du dich manchmal so lebendig fühlst, dass du schreien könntest
- ➢ du dich manchmal so betäubt fühlst, dass du nicht einmal mehr weinen kannst
- ➢ du morgens mit freudiger Erwartung auf den Tag aufstehen möchtest
- ➢ du ein Leben führen möchtest, von dem du keinen Urlaub brauchst
- ➢ du auf der Suche bist, herauszufinden, wie die Liebe dein Sein so durchdringen kann, dass jeder Raum strahlt, sobald du ihn betrittst
- ➢ du das gewisse Etwas in dir bereits erahnst und es tiefer kennenlernen möchtest
- ➢ du einen wertvollen Beitrag in dieser Welt schaffen möchtest – allein dadurch, dass du auslebst, wer du wirklich bist
- ➢ du durch „du selbst sein" deinen Lebensunterhalt verdienen möchtest oder auf vergleichbare Weise eine zufrieden-

stellende, andere Lösung finden möchtest als ein gewöhnliches Arbeitsleben, welches dir nicht entspricht

Lass dich ein auf eine Welt voller Möglichkeiten, die dich herausfordert, aber auch ermutigt, über deine bisherigen Begrenzungen hinaus zu erblühen.

Berufung: warum und wozu?

*„Das Finden und Leben seiner Berufung ist mehr als der Ausdruck des
Zeitgeistes neuer Sinn- und Werteorientierung!
Es ist das Erfüllen der eigenen Lebensbestimmung!
Der Ausdruck seiner Einzig-art-igkeit!
Das Leben seiner Talente!
Und der wertvolle Beitrag eines jeden Einzelnen zur
Gestaltung einer neuen Gesellschaft!"*

Ursula Maria Lang

Was ist Berufung eigentlich?

Deine Berufung ist ein populäres Thema. Die Meinungen über ihre Bedeutung gehen in deinem Umfeld vermutlich weit auseinander und das Bewertungsspektrum bezüglich der Ausrichtung ihrer Ansätze bewegt sich in unterschiedlichste Richtungen.

Viele Menschen gehen davon aus, dass sich Berufung vor allem darum dreht, einen sinnvollen Beitrag zum gesellschaftlichen und sozialen Leben zu leisten. Die gelebte Berufung dient in diesem Fall als eine Art Daseinsberechtigung innerhalb der Gemeinschaft. Wenn du deinen Platz im Gesamtgefüge einnimmst, hast du es geschafft. Dein Leben tingelt nicht mehr einfach nur zwischen Bar und Bett hin und her, nein, nun hat dein Aufstehen einen Sinn: Dein Handeln und Sein kommt anderen zugute.

Zudem sollten Berufung und Motivation möglichst selbstlos sein. Das Stichwort Hingabe erinnert unmittelbar an Vorbilder wie Mutter Theresa oder Martin Luther King. Viele Menschen vertreten die Ansicht, dass Berufung nur sinnvoll ist, wenn sie sich nicht nur um dich und das Ausleben deiner Träume und Wünsche dreht.

Freude sollte sich aufgrund dieser Sichtweise vorrangig durch das freiwillige Aufopfern der eigenen selbstsüchtigen Wünsche ergeben. Deine Berufung ist ein Teil von etwas Größerem, ein sich Verschenken an das Wohl anderer. Du bringst deinen Anteil zum Gemeinschaftstisch – und es muss nicht unbedingt etwas sein, worin du besonders begabt bist oder woran du Spaß hast, sondern vorrangig ein Engagement in einem Bereich, in dem dein Mitgefühl erregt wurde, dein Herz schmerzte und du spürtest: Hier kann ich nicht länger wegsehen, ich muss etwas tun.

Berufung also als Antwort auf das Leid in der Welt – und diese zu einem besseren Ort zu machen.

Berufung als Beitrag zum menschlichen Miteinander.

Ein anderer Interpretationsansatz geht in die Richtung der Selbstverwirklichung: Deine Berufung als Ausdruck deiner Interessen, Leidenschaften, deines Wesens.

Du möchtest der Welt deine Großartigkeit nicht länger vorenthalten und endlich deine Gaben, dein Licht und dein Leuchten in die Umgebung strahlen lassen.

Dem zugrunde liegt der Wunsch danach, gesehen und geliebt zu werden, dich selbst zu spüren und zu erleben und immer wieder positive Rückmeldung zu erhalten, die dir sagt: Ich bin geliebt. Ich kann etwas Schönes schaffen. Andere schätzen mich und meine Ansichten, meine kreativen Ansätze, meine Ideen und meine Lebensweise.

Die gelebte Berufung aufgrund der Selbstverwirklichung sagt: Ich als Individuum zähle. Ich mache durch mein bloßes Sein die

Welt zu einem schönen Ort. Vielleicht sogar: Ich bin anders als die anderen.

Die Berufung dient in diesem Fall auch als Erkennungsmerkmal und Teil der Selbstidentifikation: Seht her, das bin ich. Ich bin wunderbar! Und ich wünsche mir, dass ihr das seht und mich dafür annehmt.

In diesem Segment finden sich viele Influencer der heutigen Zeit wieder, aber auch Menschen, die sich einem Hobby oder einer Sportart verpflichtet haben, deren Realität ein Spielfeld ist, das Siegen, oder auch, auf oberflächlichem Level, die Kreativität, Kunst, ein Talent.

Berufung als Selbstausdruck mit der Botschaft: Ich nehme Raum ein. Ich bin wichtig.

Berufung als Hinweis: Der Einzelne und seine seelischen Bedürfnisse zählen.

Wiederum findet sich eine weitere Perspektive: Berufung aufgrund der eigenen Vergangenheit und der äußerlichen gesellschaftlichen Gegebenheiten, in die man hinein geboren ist, eine Erfüllung der gesellschaftlichen Pflicht. Das Individuum hinter der ausgefüllten Rolle ist wenig sichtbar.

Der Vater war Schreiner? Nun, der Sohn wird es ebenfalls, denn alles dreht sich um das Fortbestehen der Tradition.

Die Mutter lebt vor, dass die ideale Rolle einer Frau die einer Hausfrau und Mutter ist? Die Religionsgemeinde bestätigt in ihrer Lehre diesen Ansatz, indem sie diese Rolle als gottgegeben untermauert? Nun, eine gottesfürchtige, hingegebene Frau nimmt in diesem Fall klaglos und freudig diese Rolle ein und findet ihre Berufung darin, sich eben nicht weiter mit ihrer individuellen seelischen Gefühls- und Bedürfnislage und individuellen Vorstellungen von ihrem Leben auseinanderzusetzen.

Berufung also aufgrund der Aufgabe eigener Gefühlsregungen oder inneren Leitung in eine bestimmte Richtung.

Berufung als Antwort des Gehorsams und der Verpflichtung innerhalb familiärer, gesellschaftlicher oder religiöser Anforderungen.

Du siehst, es lässt sich nicht allgemein festlegen, was Berufung für den Einzelnen bedeutet und welche Definition ihrem Wesen am nächsten ist.

Jede dieser Sichtweisen trägt einen Teil Wahrheit in sich.

Inspiration

Schreibübung

<u>Vorbereitung:</u>

Diese Vorbereitung auf die kommende Übung kannst du im Alltag in unterschiedlichsten Situationen verwenden. Für empathische Menschen ist sie äußerst hilfreich, um bei sich anzukommen, wahrzunehmen, was in ihnen geschieht und sich wieder zu zentrieren, wenn sie von mehreren Seiten mit Anforderungen überrumpelt sind oder sich schlicht überfordert fühlen. Die Vorbereitungsübung verankert dich wieder in deinem Sein und hilft dir, zu unterscheiden, was gerade für dich wichtig ist und was DU gerade brauchst. Somit unterstützt sie dich unter anderem auch darin, deine Grenzen zu spüren und dementsprechend zu handeln.

Suche dir einen ruhigen Ort, an dem du ungestört bist. Wenn du möchtest, atme einige Male tief durch und komme ganz im Moment an. Nimm die Umgebung um dich herum wahr, deinen Körper in Berührung mit der Sitz- oder Liegefläche. Überprüfe, ob du dich wohlfühlst oder deine Position verändern möchtest. Zudem spüre, ob in deinem Körper Anspannung oder Unwohlsein wahrzunehmen ist.

Nun richte deine Aufmerksamkeit auf deine Gedanken. Womit hast du dich bis zu dieser Minute innerlich beschäftigt? Warst du hier? Hast du bisher aufmerksam gelesen, oder schweifen deine Gedanken immer wieder zu einem anderen Thema ab, welches dich beschäftigt?

Solltest du realisieren, dass etwas anderes deine Aufmerksamkeit in Anspruch nimmt, kannst du dich zuerst damit auseinandersetzen, um dann befreit zu diesem Buch und dieser Aufgabe zurückzukehren. Dazu ist es nicht wichtig, dass du die andere Situation löst oder dieses Buch nun zur Seite legen musst. Es geht darum, achtsam wahrzunehmen, was gerade ist, um es dann friedvoll loszulassen. Denkst du über eine Rechnung nach? Ist ein Konflikt im Raum, der dein Innenleben in Anspruch nimmt? Spürst du die Befindlichkeiten anderer Menschen um dich herum? Fällt es dir gerade schwer, dir Raum für dich zu nehmen?

Wenn du möchtest, spüre sogar noch eine Ebene tiefer in deine sogenannten Erstgefühle hinein: Welches Gefühl liegt am Boden deiner Befindlichkeit? In einem Konflikt könntest du Schuldgefühle wahrnehmen. Trauer, Scham oder Furcht könnten deine Stimmung beeinflussen. Vielleicht bist du verwirrt, weil so viel von dir erwartet wird – bei näherer Betrachtung stellst du fest, dass unter der Verwirrung das Bedürfnis nach Nähe und echter Verbindung liegt. Du bist traurig, weil du dich nach einer Umarmung sehnst – stattdessen sprichst du mit deinem Partner seit Tagen nur über alltägliche Belanglosigkeiten.

Nimm all diese Bewegungen achtsam und liebevoll in dir wahr. Alles darf sein, nichts muss verändert werden. Du musst dich nicht darum bemühen, anders zu fühlen oder sofort eine Situation zu verändern, um bei dir anzukommen und Frieden zu spüren. In dem Moment, in dem du anerkennst, was ist, kann sich der Leidensdruck verabschieden und du kannst wieder frei atmen, weil du nicht mehr gegen das ankämpfst, was du fühlst, oder es zu vermeiden versuchst.

Nun kannst du dich langsam wieder diesem Buch und der folgenden Aufgabe widmen.

Übung:

Nimm Stift und Papier zur Hand und einen weiteren, tiefen Atemzug.

Nun wende dich dem Thema Berufung zu und dem, was es in dir auslöst.

Was fühlst du, wenn du die verschiedenen Ansätze zum Thema Berufung auf dich wirken lässt? Welche Erinnerungen treten in dein Bewusstsein? Vielleicht haben dir deine Eltern ihre Sichtweise dazu nahegelegt. Vielleicht hast du dich mit Freunden darüber ausgetauscht oder dich auch schon allein tiefer damit auseinandergesetzt.

Schreibe nun auf, welche positiven Assoziationen du zum Thema Berufung wahrnimmst.

Beispiel:

„Berufung bedeutet für mich, einen Sinn zu haben, warum ich morgens aufstehe. Ich bin fröhlich und aufgeregt, wenn ich darüber nachdenke, wie ich meine Gaben in dieser Welt einsetzen kann. Es erfüllt mich mit Abenteuerlust und Neugier, zu erkunden, was es für mich zu tun gibt."

Schreibe nun detaillierter auf, welche positiven Glaubenssätze du zum Thema Berufung in dir trägst.

Beispiel:

„Ich bin wichtig."

„Meine Berufung macht einen Unterschied in dieser Welt."

„Ich spüre tief in mir bereits meine Berufung und bin kurz davor, sie in Worte fassen zu können."

„Ich weiß, dass meine Berufung mich zutiefst erfüllt."

Anschließend wende dich den negativen Assoziationen zu, die du zum Thema Berufung in dir trägst.

Beispiel:

„Ich verspüre Druck, etwas sein zu müssen, was ich nicht bin. Ich habe das Gefühl, einem Trendthema folgen zu müssen. Ich befürchte, dass Berufung sich nur mit dem Leid anderer beschäftigt und dass ich in der Verantwortung bin, es zu lindern."

Nun ergänze diese Assoziationen mit deinen möglichen negativen Glaubenssätzen.

Beispiel:

„Ich bin nicht wichtig."

„Es ist vollkommen egal, welche Berufung ich habe. Niemand braucht mich."

„Ich bin zu klein, um eine wichtige Berufung zu erfüllen."

„Ich bin dem Leben nicht gewachsen."

Nimm bei der Übung weiterhin achtsam alles wahr, was sich in deinem Gefühlsleben und deinem Körper abspielt. Dein Bauchgefühl kann dir zuverlässig anzeigen, wie du zu einem Thema wirklich stehst.

Mit der Basis der Übung wirst du im Laufe des Prozesses mit diesem Buch immer mehr herausfinden, wo deine Blockaden liegen, welche Entscheidungen du treffen und wie du über das Thema Berufung denken möchtest. Dein Erfolg im Finden und Ausleben deiner Berufung hängt maßgeblich davon ab, deinen eigenen Weg darin zu finden, wie du damit umgehen möchtest und welche Bedeutung du dem Bereich zumisst. Zudem ist es wichtig, dich selbst immer tiefer und liebevoller kennenzulernen und zu erspüren, wofür dein Herz wirklich brennt.

Berufung finden - die Sehnsucht des Menschen nach Sinn

Der Mensch hat eine tiefe Sehnsucht danach, etwas zu erschaffen, das nachhaltig sowohl sein Fortbestehen als auch seine Einbindung in eine größere Geschichte unterstützt.

Wir brauchen nicht nur die Sicherheit, dass unsere Grundbedürfnisse befriedigt werden, sondern auch, dass unsere Seele erblühen und gedeihen kann und eine Evolution im Bewusstsein stattfindet. Wir sehnen uns danach, uns als Menschheit und als Individuen weiterzuentwickeln und unseren Horizont im Innen und im Außen zu erweitern.

Eine Berufung ist dann sinnstiftend, wenn sie das Fortbestehen in unterschiedlichsten Färbungen unterstützt. Gemeinschaftliches Miteinander, innere Heilung, körperliche und seelische Gesundheit, gesunde Beziehungen und gemeinsam verfolgte Ziele tragen dazu bei, dass sich die Menschheit positiv entwickelt. Die Gesundheit der Erde, auf der wir leben und der Erhalt der Ressourcen, die uns ernähren, bildet die Grundbasis für unser Sein. Menschliche Sorgfalt und ihre Pflege geraten als Teil einer sinnstiftenden Beschäftigung vieler Menschen wieder in den Fokus.

Die Gesellschaft hat sich im Laufe der Zeit immer weiter in eine Richtung entwickelt, die unserem Fortbestand und unserer Gesundheit in allen Bereichen entgegensteht. Wir beuten einander aus, führen Kriege, richten uns nach Geld und Profit aus und haben unsere Existenz auf den Regeln der freien Marktwirtschaft und einem finanzorientierten System aufgebaut, welches rein auf Gewinnmaximierung und Macht ausgerichtet ist. In diesem Spiel kann es nur Verlierer geben, denn die Ausbeutung unseres Planeten und ihrer Bewohner schreitet voran und wirkt unserem menschlichen Wunsch nach Leben und Sinn entgegen. Die Folge sind Armut, Krankheit, Depression, Hoffnungslosigkeit, Ohnmacht, Ungleichheit und Gewalt.

Tief in uns spüren wir immer deutlicher, dass der Kurs, den wir aktuell eingeschlagen haben, dringend geändert werden muss. Wir müssen unserer Sehnsucht nach Lebendigkeit und Gesundheit folgen. Bei einem Plan der Heilung kann zudem nicht nur ein privilegierter Teil der Menschheit profitieren, während der Rest mit dem bisherigen System untergeht. Als Menschheit sind wir untereinander verbunden und ebenso untrennbar von unserer Lebensgrundlage. Wenn ein Teil verletzt ist, leidet das große Ganze unter dem Schmerz. Somit spürt etwas in uns, dass wir nicht weiter die Illusion aufrechterhalten können, uns einzig und allein um uns selbst zu drehen. Wir dürfen aufwachen und uns darüber klar werden, dass wir eine Verantwortung dafür tragen, wie sich die Menschheitsgeschichte fortschreibt. Jede Entscheidung, die wir für unser Morgen treffen, hat eine Auswirkung auf das große Ganze.

Eva Maria Zurhorst und Joe Dispenza gehen in ihren Büchern „Liebe kann alles" und „Ein neues Ich" intensiv darauf ein, wie alles miteinander verbunden ist und sich gegenseitig beeinflusst. Die Quantenphysik hat bereits erstaunliche Erkenntnisse darüber erlangt, dass die Trennung voneinander nicht real ist und wir daher nicht nur für uns selbst denken können.

Unsere Beziehungen, unser Handeln und unsere Lebensweise streben eigentlich danach, das Leben zu unterstützen und auf Heilung ausgerichtet zu sein. Empathie und Mitgefühl sind zutiefst menschliche Eigenschaften, die in jeder Seele angelegt und nicht nur besonders sensiblen Persönlichkeiten vorbehalten sind. Durch unseren Kurs der Zerstörung sind wir so tief abgestumpft, dass es uns immer schwerer fällt, mit unseren Gefühlen in Verbindung zu bleiben. Die Trennung von unserer Wahrnehmung erscheint uns im Kindesalter, aber auch später im Erwachsenenleben, oft als einzige – bewusste oder unbewusste - Möglichkeit, um uns den tiefen Schmerz vom Hals zu halten, dem es sich zu stellen gilt, wenn wir nicht länger davonlaufen und uns klar machen, welch zutiefst unmenschliches Klima wir mit- und untereinander geschaffen haben.

Somit werden Menschen heute eingeteilt in sensibel und unsensibel, hart und weich, warm und kalt. Wer kalt, unsensibel und hart ist, schafft es oft, sich in der Aufstiegsleiter unterschiedlichster Bereiche bis ganz nach oben zu bewegen: Er hat die Oberhand in der Beziehung, die Leitungsposition im Job und die Kontrolle über seine Gefühle. Zudem ist er belastbar, flexibel und braucht wenig Ruhezeiten. Sensible, weiche und warme Menschen gelten als unflexibel, überempfindlich und nicht unterstützend für ein System, sei es eine Beziehung, auf der Arbeit oder das eigene Innenleben. Wer mehr Ansprüche an die Auseinandersetzung mit Gefühlen und mit der Seele des Menschen stellt und sein Bedürfnis nach Nähe und Intimität kundtut, wird oft als anstrengend und zu anspruchsvoll bezeichnet.

Diese Entwicklung deutet darauf hin, dass wir den Kontakt zu dem, was wirklich wichtig ist, verloren haben. Menschsein in sich bedeutet, dass wir allein nicht vollständig sind. Das bedeutet nicht, dass wir nicht eigenverantwortlich für unser eigenes Innenleben und die Gestaltung unserer Realität wären oder lernen dürften, eine gewissen Opferhaltung zu verlassen. Vielmehr gilt es zu verstehen, dass der Mensch als Gemeinschaftswesen erst dann in seiner Menschlichkeit wirklich erblühen und auch seine wahre Berufung finden kann, wenn er wieder in Kontakt mit seiner eigenen Seele tritt, sich wahrhaft berühren lässt und damit auch wieder liebesfähig wird.

Dies hat jedoch zur Folge, dass wir uns dem lange vermiedenen Schmerz stellen müssen. Doch es ist der einzige Weg, der eine Berufung wahrhaftig, lebendig und greifbar macht. Nur so können wir entdecken, wo sich unser Mitgefühl meldet, was diese Welt braucht und an welcher Stelle unser Platz noch frei ist, der danach ruft, dass wir in unsere Kraft kommen und unseren Beitrag zur Heilung der Menschheit und des Planeten leisten.

Das Thema Berufung ist in den Herzen der Menschen, die sich vom Weltgeschehen und einer allgemein schadhaften Ausrichtung berühren lassen, von existentieller Bedeutung. So findet sich die Sinnhaftigkeit hinter der individuellen Berufung: Sie soll dazu dienen, die Welt zu einem besseren Ort zu machen – ob es nun die kleine Welt eines Einzelnen und seiner Liebsten ist, oder die Welt im größeren Kontext bei gesellschaftlich relevanten Themen.

Unsere Wünsche, Träume und Visionen erhalten die ersehnte Lebendigkeit, wenn sie dem Gesetz des Lebens und der Heilung folgen, die unser Fortbestehen sichern. Da wir nicht allein existieren können und alle miteinander verbunden sind, möchte eine Berufung nicht nur dir selbst dienen, sondern auch deinen Mitmenschen.

Doch bevor du etwas zu geben hast, ist es wichtig, dass du selbst erfüllt bist. Da kommt das eigene, individuelle Glück ins Spiel – wer innerlich erfüllt ist, kann auch etwas weitergeben.

Der Weg nach innen – die Basis für deine Berufung

Die Sehnsucht, als Menschheit immer wieder über uns hinauszuwachsen, beginnt mit dem Wunsch, zuerst über die eigene Geschichte hinauszuwachsen.

Unsere Geschichte macht uns zu dem, wer wir sind – bis zu dem Zeitpunkt, an dem wir „aufwachen": Wir beginnen, zu verstehen, dass unsere Geschichte, also alles, was wir bisher erlebt haben, tatsächlich nichts weiter als eine Geschichte ist, die sich in unserem Inneren abspielt.

Für viele Menschen kommt irgendwann der Zeitpunkt, an dem sie beginnen, sich mit ihrer persönlichen Geschichte auseinanderzusetzen. Woher kommt der Schmerz, vor dem ich immer wieder davonlaufe? Was wird in mir angesprochen, wenn ich das Leid der Welt sehe, mich davon berühren lasse und eine leise Erinnerung in mir aufkeimt? Was hat mir damals das Herz gebrochen und mich abgeschnitten von meiner Liebesfähigkeit, von meinem Mitgefühl und dem Gefühl, wahrhaft präsent und lebendig zu sein?

Je größer das Bewusstsein wird, je klarer dir wird, dass der Schmerz sich immer deutlicher zeigen wird und es außer der Ignoranz, die dich auf Dauer krank macht, keinen Ausweg gibt, als dich dem zu stellen, desto mehr Fragen tauchen auf:

- ➢ Bin ich wirklich, wer ich glaubte zu sein?
- ➢ Wurde vorbestimmt, was ich erlebt habe?
- ➢ Wer oder was ist der Strippenzieher meiner Geschichte? Gibt es so etwas wie ein Drehbuch?
- ➢ Warum scheine ich immer wieder dieselben Erfahrungen zu machen?
- ➢ Ich wünschte, ich wäre in ein anderes Leben geboren – warum erlebe ich nie, was ich mir zutiefst wünsche?
- ➢ War das wirklich alles?
- ➢ Wie kann ich wieder glücklich werden – und warum bin ich überhaupt so unglücklich?

An dem Punkt, an dem du begonnen hast, dir diese und ähnliche Fragen zu stellen, beginnt dein Weg nach innen. Oft wird eine solche Phase mit einer handfesten Lebenskrise eingeläutet, die alles durchrüttelt und infrage stellt, was bisher niet- und nagelfest erschien. Vielleicht geht eine langjährige Beziehung in die Brüche. Du hast mit plötzlichen Wutausbrüchen oder Panikattacken zu kämpfen. Freundschaften gehen zugrunde, du gehst pleite oder ein Familienmitglied stirbt.

Was auch immer geschehen ist, es lässt dich plötzlich wach werden. Es scheint, als öffnest du deine inneren Augen, schreckst auf wie aus einem langjährigen Schlaf. Unsanft in die Gegenwart katapultiert, nimmst du alles wahr, was vorher im Verborgenen lag: Schmerz, Ohnmacht, Hilflosigkeit, Angst. Es scheint, als habe dir jemand die Ohrstöpsel rausgezogen, die Augenbinde heruntergerissen und die Schallschutzdämpfer entfernt. Das Leben prallt mit solcher Wucht auf dich ein, dass du zu Beginn vollkommen überfordert scheinst.

Langsam und vorsichtig beginnst du nun, dich durch den Morast all der Gefühle, Emotionen und Wahrnehmungen zu kämpfen, die sich zuvor versteckt hielten. Deine Lebensumstände schienen sich wie automatisch zu entfalten. Auf einmal ist dir nicht mehr klar, wie es so weit kommen konnte. Wie um Himmels Willen bin ich nur da gelandet, wo ich gerade stehe?

Dir wird bewusst, dass du wie auf Autopilot durch dein Leben geschlittert bist. Hast du dich gefragt, warum es sich angefühlt hat, als würdest du gelebt, anstatt gelebt zu haben? Was hat es mit dem Schleier auf sich, der immer zwischen dir und dem Leben hing und dir das Gefühl gab, nicht voll und ganz da und anwesend zu sein?

Dir wird bewusst, wie unangenehm, ja, unerträglich dieser Zustand für dich gewesen ist. Du fragst dich, wie du in der Lage warst, ihn so lange Zeit zu ertragen. Nun, da du dich wie aufgeweckt fühlst und beginnst, dein Leben und deine Handlungen unter die Lupe zu nehmen und jedes kleine Detail zu hinterfragen, spürst du, wie sensibel, teilweise auch überfordert du auf deine Wahrnehmung reagierst. Alles ist auf einmal zu viel:

Acht Stunden am Tag zu arbeiten. Deinen Partner ständig bei dir zu haben oder mit ihm im Drama zu versinken. Die Geschichten deiner Freunde, die sie ständig bei dir abladen. All die Anforderungen und das Verlangen deiner Mitmenschen, zu funktionieren. Vielleicht ist dein Terminkalender so voll gewesen, dass es gar nicht infrage kam, dir Zeit für dich zu nehmen und dich auszuruhen. Du fragst dich, woher der Glaube kommt, dass Müßiggang und Nichtstun ein Verhalten sei, welches ausgemerzt werden sollte.

Vielleicht hast du an diesem Punkt den Eindruck, dieser Welt nicht gewachsen zu sein. Wenn alles viel zu viel ist, ist es dann nicht besser, wieder einzuschlafen und weiter auf Autopilot zu funktionieren? Was stimmt nicht mit dir? Warum bist du auf einmal so sensibel, so mitfühlend, doch auf eine Art, die dich überfordert? Wo ist das dicke Fell hin, welches du dir mit den Jahren angeeignet hast? Du hast immer gedacht, nichts könne dir etwas anhaben und du trügest dich selbst und andere mit Leichtigkeit durchs Leben. Du warst stolz auf dein Durchhaltevermögen. Nun scheint auf einmal nichts mehr von alldem zu funktionieren. Wo du dich vorher noch mit bestimmten Charaktereigenschaften identifizieren und sagen konntest: „Das bin ich, so bin ich", musst du dir nun die Frage stellen: Wie viel von dem, was ich über mich selbst dachte, ist wahr?

Vielleicht erzählt dir an dieser Stelle jemand, dass du ein Empath bist. Nun gibt es ein Wort für deine neu gewonnene Sensibilität.

Es mag auch sein, dass dir diese Eigenschaft schon vorher bekannt war – von einem dicken Fell keine Spur. Von dort aus aufzuwachen und eine Krise zu durchleben, ist für dich in diesem Fall womöglich ein absoluter Nullpunkt. Vielleicht hast du keine gesunden Grenzen gesetzt und deine Krise zeigt sich durch ein Burnout. Oder ein geliebter Mensch verlässt dich, obwohl du dich vollkommen für ihn aufgeopfert und alles für ihn getan hast.

Du weißt, nun ist es an der Zeit, dich selbst von Grund auf ganz neu kennenzulernen. Selbst, wenn du wolltest – ein Zurück ist nicht mehr möglich, nun kommt nur noch die Flucht nach vorn infrage. Vieles wird sich verändern.

Dein Weg nach innen hat begonnen.

Inspiration

Schreibübung

Vorbereitung:

Bereite dich vor, wie in der Inspirationsübung im ersten Kapitel beschrieben.

Übung:

Stelle dir dein Innenleben wie ein großes Haus mit mehreren Zimmern vor. Erinnere dich in deiner Vorstellung daran, wie es ausgesehen hat, bevor du auf die eine oder andere Art verletzt wurdest.

Welche Zimmer befinden sich in diesem Haus? Welche Bereiche waren bewohnt und lebendig? Benenne die unterschiedlichen Zimmer mit Namen wie *Freundschaft, Familie, Hobby, Schule Interessen, Glaube, Fantasie, Träume ...*

Male dir nun aus, wie diese Zimmer eingerichtet waren. Welche Menschen aus deinem damaligen Umfeld befanden sich darin? Welche Möbel füllen den Raum, welche Farben bezeichnen das Gefühl, welches du mit den unterschiedlichen Bereichen verbindest? Welche Geräusche nimmst du wahr, wie ist das Lebensgefühl? Was passiert dort drin – und was genau machst *DU* dort?

Wie stehst du in Position und Verbindung zu den Dingen und Menschen, die sich mit dir im jeweiligen Raum befinden?

Beschreibe, wie sich der „gesunde" Raum in deinem Inneren anfühlt.

Wenn einer oder mehrere dieser Bereiche noch nie in gesundem Zustand in deinem Leben waren, stelle dir vor, wie sie in deiner Fantasie idealerweise aussehen und sich anfühlen würden.

Als Nächstes stelle dir vor und schreibe auf, dass dein Haus angegriffen wird. Eine Gruppe Hooligans oder andere Menschen/Wesen reißen die Türen auf, werfen Brandsätze ins Haus, zerstören die Einrichtung, nisten sich ein. Vielleicht wird auch einer der Menschen, die vorher noch mit dir in dem Haus gelebt haben, zum Teil der Räuberbande.

Diese Szene repräsentiert die Verletzung, die dir zugestoßen ist. Führe diese Übung intuitiv aus. Sie kann beinhalten, was tatsächlich passiert ist: Beispielsweise liegt plötzlich ein Stapel mit schlechten Noten auf deinem Küchentisch oder dein bester Freund (der dich damals verraten hat) wendet sich in deinem Wohnzimmer gegen dich und schließt sich den Hooligans an. Du kannst aber auch eine bildhafte Sprache benutzen: Vielleicht schwirrt plötzlich eine Herde mit unzähligen Fledermäusen in dein Haus und breitet sich in jedem Raum aus – du hattest damals eine Depression, vielleicht bis heute.

Du brauchst für diese Übung keine detaillierte Anleitung, denn es soll möglichst frei gelassen werden, welche Bilder in dir auftauchen.

Im Kern geht es darum, noch einmal in einer Art Geschichte zu reflektieren, welche Verletzung damals „dein Haus", und damit dein Vertrauen ins Leben und deinen sicheren Ort, zerstört hat. Wie bereits erwähnt, selbst, wenn dieser sichere Ort noch nie existiert hat, so kennt deine Seele eine Vorstellung davon, wie dein Leben aussehen würde, wenn die Voraussetzungen von Liebe, Erfüllung, Freude und Sicherheit erfüllt worden wären. Mit diesem Bild kannst du die Übung genauso gut ausführen.

Im dritten Schritt kannst du, wenn du dich emotional dazu bereit fühlst, noch einmal den Schmerz spüren, den die Zerstörung in dir angerichtet hat. Vielleicht steigt auch Trauer über das Verlorene in dir auf, oder Mitgefühl für deine kindliche Seele breitet sich aus.

Achte darauf, dass du dich nicht innerlich davonschwemmen lässt, indem du dich mit dem Schmerz identifizierst. Du kannst ihn einfach beobachten und dich immer wieder mit deiner aktuellen Umgebung verbinden. Erinnere dich zuweilen daran, dass die Situation gerade nicht real ist, falls der Schmerz zu groß werden sollte.

Die Quintessenz der Übung liegt darin, dir bewusst zu machen, dass dein Lebensweg vermutlich ein ganz anderer geworden wäre, wäre dein Haus unversehrt geblieben.

Hier geht es nicht um Schuldzuweisung. Vermutlich haben die Hooligans oder andere bösartige Wesen in deiner Vorstellung ein genauso zerstörtes Haus in sich, können ihren eigenen Schmerz nicht ertragen und greifen daher andere an. Vielmehr geht es darum, deinen Horizont zu erweitern:

Das Haus, in dem Liebe, Eintracht, Frieden und Freude herrschen, also die idealen Bedingungen, um dich in deiner ganzen Kraft, Schönheit und Kreativität erstrahlen zu lassen, ist real. Wenn es einst da war oder du es dir vorstellen kannst, ist es möglich, es wieder zu reparieren und vielleicht sogar umzubauen, solltest du heute etwas anderes benötigen als damals.

> Dein Haus kann wieder die Basis für das Erblühen deiner Persönlichkeit und damit auch die Geburt deiner Berufung werden. Wenn dein Leben ein sicherer Ort für dich ist, kannst du jeden Tag andere Menschen in ihrem Leben besuchen und dort in deiner Berufung und deiner Leidenschaft walten

Eine Lebenskrise ist für viele Menschen ein Schock. Doch unsere inneren Verletzungen und angestauten Emotionen verlangen nach Beachtung, sie wollen gesehen und wahrgenommen, endlich gefühlt und ausgedrückt werden. Oft wehren wir uns gegen dieses Fühlen derart hartnäckig, dass dem Leben nichts anderes übrigbleibt, als uns durch solche Krisen aufzurütteln und wieder zu uns selbst finden zu lassen.

Wobei – dies ist nur ein Teil der Wahrheit. Zum einen mag uns das Leben so zugestoßen sein, wie es sich an dieser Stelle entfaltet hat. Andererseits liegt der Hauptmotor für die Wurzeln unserer Erfahrungen in unseren alten Denk- und Handlungsstrukturen, die auf unseren bisherigen Erfahrungen, vorrangig aus unserer Kindheit und den daraus resultierenden Überzeugungen basieren, die wir uns angeeignet haben.

Deine gefühlte Rolle in der Welt - die Basis für deine Herangehensweise an das Thema Berufung

Je nachdem, wie du die Welt erlebt hast, hat sich deine Überzeugung bezüglich deiner Rolle in ihr geformt. Erschien sie dir als sicherer Ort, in dem dir deine Liebsten zugewandt waren und dir Aufmerksamkeit und seelische, körperliche und geistige Zuwendung geschenkt haben? Oder hielt deine Vergangenheit prägende Erfahrungen für dich bereit, in denen du lerntest, dass du dich vor dieser Welt schützen und vor intimen Begegnungen in Acht nehmen musst, weil man es nicht von Herzen gut mit dir meint?

An dieser Stelle sei erwähnt: Nahezu jeder Mensch trägt seelische Verletzungen mit sich herum. „Niemand kommt unbeschadet durch die Kindheit", sagt treffend ein Sprichwort. Die Erfahrung der Trennung macht jeder Mensch in unterschiedlichster Art durch. Schon die Geburt ist die erste gefühlte Erfahrung der Trennung von unserer Umwelt, die sich in unseren Zellen einnistet und zu einer Erinnerung wird, auf der erste Überzeugungen gebildet werden. Je nachdem, wie die Geburt verlief, wie präsent oder nicht präsent unsere Mutter oder andere Erziehungsberechtige im Umgang mit uns waren, prägt diese erste Zeit, der erste Eindruck, unser Standing in der Welt.

Zum einen ist zudem wichtig, sich immer wieder bewusst zu machen: Deine Mitmenschen haben ihr Bestes gegeben. Immer, zu jeder Zeit. Auch sie sind mit ihren unbewussten Mustern und Überzeugungen im Prozess und je nachdem, wie bewusst sie damals sein konnten, als sie dich unter ihrer Obhut hatten, konnten sie an ihren inneren Vorgängen arbeiten und diese verändern – oder litten darunter, dass sie dir nicht alles geben konnten, was du tief in dir benötigt hast.

Zum anderen ist der Gedanke äußerst ermutigend, dass du deine alten Glaubenssätze und damit auch deine zukünftigen Erfahrungen grundlegend verändern kannst. Es ist möglich, die alte Geschichte deines Lebens und deiner Persönlichkeit umzuschreiben.

Deine Geschichte und deine Berufung

„Jeder Mensch, der auf sein Herz hört und die Liebe ausstrahlt, die er im Kern ist, ob er Friseur ist oder Vertriebsmann, Putzhilfe oder Stewardess, Vorstand oder Pförtner, verändert die Welt in Richtung eines Ortes des Friedens und der Freude. Jeder Mensch ist dazu berufen, seine Liebe und seine Freude der Welt zu schenken."

Robert Betz

Wo bist du zu Hause? Berufung befindet sich jenseits des Zaunes

Viele Menschen meinen, wenn sie erst einmal ihre Berufung gefunden hätten, würden sie sich sinngeladen fühlen und Glück und Zufriedenheit in ihr Leben holen.

Doch damit zäumen sie das Pferd von hinten auf.

Eine Berufung, die dich erfüllt, ist in Wahrheit die Folge deiner inneren Erfüllung und Zufriedenheit. Du lebst immer das aus, was du in deinem Inneren denkst und fühlst. Deine äußere Welt ist die

Frucht deines Innenlebens und deiner gefühlten Rolle in dieser Welt.

Selbstverständlich ist es nicht erfüllend, in einem Leben festzustecken, welches dir immer wieder deine Begrenzungen aufzeigt und dich krank macht. Wenn dich beispielsweise dein Arbeitsleben nicht erfüllt, sondern dich langsam, aber sicher ins Burnout treibt, bringt es nichts, dich zu Hause in deinem Zimmer einzuschließen, dir traurig zu wünschen, es wäre anders und dich in dein Innenleben zu flüchten. Du musst und darfst aktiv Schritte gehen, die deine äußere Welt verändern.

Aber: Die Veränderung, die du dir wünschst, ist erst möglich, wenn du in deinem Inneren aufgeräumt hast. Wenn deine alten Glaubenssätze und Blockaden immer weiter aktiv sind, wird eine Veränderung in deinem Leben nicht von Dauer sein. Wenn du dir nicht wert bist, ein Leben nach deiner Vorstellung zu führen, wirst du vielleicht kurzzeitig ausbrechen und dir Luft machen – doch die alten Begrenzungen treiben dich wieder zurück in dein bisheriges Umfeld, vielleicht zwar ein neuer Arbeitgeber, ein neuer Partner, eine neue Stadt – doch mit denselben alten Mustern. Deine alten Überzeugungen wenden clevere Griffe an: Was immer funktioniert hat, dich in deiner Weide zu halten, anstatt den Zaun zu überspringen und die Weite dieser Welt zu entdecken, wird jedes Mal aufs Neue angewandt. Es ist wie ein Gebissstück im Maul eines Pferdes: Das Pferd kann seine Kraft und Überlegenheit dem Reiter gegenüber nicht anwenden, weil es mit Gewalt gezwungen wird, sich klein und unter seiner Macht zu halten. Dein Gebissstück stellt die dich begrenzenden Überzeugungen dar, die du von deiner Umwelt übernommen hast.

„So ist das Leben nun einmal."

„Du kannst keine Extrawurst kriegen."

„Schau dich doch an – was sollte von dir Außergewöhnliches kommen?"

„Du lebst in dieser Welt – halte dich gefälligst an die Regeln."

„Du kannst nicht ohne Sicherheit durchs Leben gehen – da draußen in der Wildnis kommst du nicht zurecht."

Letzteres stimmt vielleicht tatsächlich: Du kommst da draußen **als gezähmtes Wesen** nicht zurecht. Du weißt erst, wie du mit deiner freien Seele dein Leben selbst gestalten kannst, wenn du das Gebissstück abgestreift und dich selbst davon überzeugt hast, was jenseits des Weidezaunes auf dich wartet.

Dein Instinkt wartet darauf, wieder zu erwachen. Er möchte jenseits deiner Vergangenheit und alter Verletzungen entdecken, was dein Herz höherschlagen lässt und zur Heilung deines Herzens und deiner Umwelt beiträgt.

Blockaden – was hält dich ab, deine Bestimmung zu entdecken?

Deine Blockaden sind also das Problem – sie halten dich in Schmerz und Begrenzung gefangen und klein.

Das Gebissstück im Maul eines Pferdes verursacht unendliche Schmerzen. So kann das Pferd sich einzig und allein auf die Vermeidung dieses Schmerzes konzentrieren, indem es sich dem Willen des Reiters beugt. Dieser lockert dann entweder den Griff, oder das Pferd versucht, sich ihm zu entziehen, indem es sich unnatürlich verbiegt und verspannt. Eine weitere Möglichkeit besteht darin, sich dem Schmerz gegenüber unempfindlich zu machen und abzustumpfen. Ein solches Pferd beißt sich in der Trense fest und versucht so, gegen den Druck anzukämpfen. Damit wird es zwar den Anweisungen des Reiters entgehen können und dafür unempfänglich (ein solches Pferd nennt man dann „verritten" und „unbrauchbar"), es kann sich also selbst vor dem Schmerz bewahren, doch verliert andererseits auch die Verbindung zu seinem äußerst sensiblen, weichen Wesen und seiner Empfindsamkeit, die seinem Wesen als Pferd entspricht. Es entfernt sich immer weiter von seiner Natur, in dem Bedürfnis, schmerzfrei zu leben.

Doch der Urschmerz wird immer größer: Es ist die Abtrennung von seiner Natur und seinem Freiheitsdrang, zu leben, wie es seinem Wesen entspricht. Verbunden, frei, in Kontakt mit anderen.

Würde das Pferd entdecken, dass es viel kraftvoller ist als der Reiter, könnte es sich befreien.

Genauso ist es auch mit dir: Wenn du entdeckst, wie kraftvoll du bist und dass du weit mehr bist als deine Geschichte und deine Vergangenheit, kannst du dich deinem weichen, zugänglichen und freien Wesen wieder annähern und Schritt für Schritt deine Berufung entdecken.

Folgende Schritte stellen den Beginn des Befreiungsprozesses dar und legen kontinuierlich den Weg hin zu deiner Berufung frei. Bedenke immer wieder: Die Vorarbeit ist das Wichtigste. Deine Berufung entfaltet sich nachhaltig aus der Arbeit an deinem Inneren. Konkretere Schritte im Außen folgen noch – sei ermutigt, bleib dran!

Schritt Eins: Alles hinterfragen

Du beginnst, dich zu fragen, wer eigentlich wann genau gesagt hat, dass bestimmte Gegebenheiten deines Lebens so feststehen müssen, wie bisher. Wer hat behauptet, dass du zu den Menschen gehörst, die sich immer Sorgen um Geld machen müssen? Woher kommt die seltsame Wiederholungsschleife, die dir immer wieder den falschen Partner vor die Tür setzt? Wer sagt, dass es *nun einmal so ist*, dass du nie das machen kannst, was du dir von Herzen wünschst? Woher kommt die Überzeugung, die dich so sicher macht, dass du nicht fähig bist, diese oder jene Sportart auszuüben, das Café zu eröffnen, in dieses Land zu reisen, mit fünfzig Jahren fünfstellig zu verdienen?

Sogar was deine Gesundheit betrifft, magst du vielleicht an der einen oder anderen Stelle ins Zweifeln kommen: „Ich habe nun einmal fettige Haut und immerzu mit Pickeln zu kämpfen." „Mein Knie wird mir immer Probleme machen." „Ich habe Diabetes."

„Ich habe Angst davor, Krebs zu bekommen. Es liegt in meiner Familie."

Wirklich?

Was ist mit deinen Beziehungen?

„Menschen hören mir nicht zu." „Ich werde immer ausgenutzt." „Ich bin zu gutmütig."

Deinem Privatleben folgen die Fragen nach dem Sinn deines Lebens und deiner Berufung:

„Warum mache ich diesen Job?" „Wann habe ich vergessen, was mein Herz wirklich lebendig macht?" „Welchen Sinn hat es, mich morgens aus dem Bett zu quälen?" „Ich spüre den Schmerz über die vielen gewaltvollen Vorgänge in dieser Welt – aber was kann ich schon tun? Ich bin ständig damit beschäftigt, mein Leben am Laufen zu halten, habe keine Zeit und drehe mich immer nur im Kreis."

Aber halt – wer hat diese Geschichte eigentlich erfunden und WARUM drehe ich mich immer wieder im Kreis?

Der Schritt des Hinterfragens ist die wichtigste Basis, um eine Veränderung und neue Impulse zu schaffen. Es ist einer der schwierigsten Punkte, denn wenn du dich traust, die Gedanken zu Ende zu denken, die dein bisheriges Leben infrage stellen, wirst du nicht umhinkommen, zu realisieren, dass du etwas verändern musst. Wenn du die Freiheit schmeckst, die sich durch die Horizonterweiterung des Fragens zeigt, wirst du nicht mehr damit zufrieden sein, sehnsuchtsvoll in die Ferne zu starren. Du willst dich mitten in deinem Leben befinden, nicht mehr nur zuschauen, sondern aktiv deine Schritte steuern.

Erlaube dir an dieser Stelle, das unkomfortable Gefühl auszuhalten und dir voll und ganz darüber bewusst zu werden, wie unerträglich sich die Unstimmigkeit zwischen deinem Leben und deinen Träumen anfühlt. Es ist der erste Schritt hinaus in die Freiheit – und hin zu deiner Berufung.

Schritt Zwei: Was glaube ich, wer ich bin?

Da draußen existiert eine Version von dir, die deine Seele zum Leuchten bringt. Sie lässt dich und dein Leben in völlig anderen Farben erstrahlen als bisher. Wenn du hinter deinem Zaun auch nur die leiseste Möglichkeit erschnuppern kannst, dass das, was da hinten am Horizont umhergaloppiert, etwas mit dir zu tun haben könnte und nicht nur eine unerreichbare Fata Morgana ist, gib nicht auf, den Geruch der Freiheit und Sinnhaftigkeit immer weiter in dir aufzunehmen. Der Zaun mag immer noch dort stehen, die Vergangenheit mag dich immer noch zurückhalten und versuchen, dir deine Begrenzung weiter aufzuschwatzen.

Doch die Wahrheit ist: Die Überzeugung von „Das ist nun einmal so" gehört nicht hinter den Zaun, sondern außerhalb dessen. Dein Urzustand ist der der Freiheit. Er ist das natürliche „das ist nun einmal so." Die Begrenzung kam durch deine Zähmung.

Hast du einmal einem neu geborenen Baby in die Augen gesehen? Du wirst selten einen so wachen, freien, unbeschriebenen Zustand in den Augen eines Erwachsenen entdecken. In diesen Augen schimmert ein unbeschriebener Geist, der nichts davon weiß, was alles nicht geht. Die Begrenzungen liegen nicht in dir. Sie wurden dir antrainiert.

Im Kern geht es also um einen Kampf des Glaubens, nicht um einen Kampf gegen bestehende Gegebenheiten: Was glaubst du, wer du wirklich bist? Ein Nutztier? Oder ein freies Wesen?

Deine innere Überzeugung gibt die Richtung an. Wenn du glauben kannst, dass mehr möglich ist, als die Aktivitäten innerhalb des Zaunes, wirst du überhaupt erst in die Lage versetzt, Ideen zu entwickeln und ein Gefühl dafür zu bekommen, welche zu deinem Wesen passende Berufung sich in dir entfalten möchte.

Die Möglichkeiten innerhalb des Zaunes sind begrenzt. Ob die Weide nun deine Vergangenheit darstellt oder auch die zerstörerische Ausrichtung in dieser Welt – wenn du nur innerhalb dieser ohnehin schon unbefriedigenden Umwelt nach deiner Berufung suchst, wirst du auch entsprechende Ergebnisse erhalten.

Deine Berufung ist dazu da, Begrenzungen aufzuheben und Veränderung zu schaffen, Verbindung wieder herzustellen und das Leben wieder spürbar zu machen – für dich selbst und andere. Darum suche außerhalb des Zaunes nach Inspiration, - dort, wo auch dein wahres Wesen seinen Ursprung hat.

Schritt Drei: Die Blockaden auflösen

Nun hast du vielleicht die Wahrheit geschnuppert – du bist mehr, als du bisher meintest zu sein.

Doch die Realität ist nun einmal, wie sie ist – da steht dieser Zaun. Vielleicht erscheint er dir zu hoch, um ihn zu überspringen oder niederzureißen. Vielleicht sind die Reiter zu grausam und der Schmerz zu groß. Was also kannst du tun, um deine Blockaden aufzulösen?

Zuerst geht es darum, dich deinen Blockaden gegenüber auf eine geeignete Art zu positionieren. Solange du von Gefühlen der Hoffnungslosigkeit und Ohnmacht in Schach gehalten wirst und sich hartnäckig der Eindruck hält, dass diese Blockaden unüberwindbar erscheinen, wird es schwierig für dich sein, sie zu überwinden.

Der Trick ist, dich dem Zaun neugierig und im Forschermodus zu nähern. Denke daran: Du bist nicht der Zaun, du bist das Pferd. Wenn dir ein alter Glaubenssatz wie „du bist es nicht wert" oder „dein Traum interessiert die Welt nicht" in die Quere kommt, kategorisiere ihn als Zaunelement. Er kann dich nicht in deinem (Pferd-) Sein definieren. Somit erhältst du geeigneten Abstand zu dem Gefühl, welches der Glaubenssatz in dir auslöst.

Des Weiteren kannst du deine Blockaden in einen Maßstab dir gegenüber versetzen, der sich für dich nicht mehr unüberwindbar anfühlt. Dazu kannst du deine Fantasie benutzen. Bleibe entweder im Bild des Zaunes, der Weide und des Pferdes, oder wechsle, wenn es dir nicht zusagt, in ein für dich geeignetes anderes, bildhaftes Szenario.

Inspiration

Fantasie- und Körperübung

Vorbereitung:

Bereite dich vor, wie in der Inspirationsübung im ersten Kapitel beschrieben.

Übung:

Stelle dir die Blockade, die dich aktuell in Atem hält, als Teil des Zaunes vor, der dich von deiner Bestimmung abhält.

Nun weite deine Fantasie etwas aus: Stelle dir vor, du seist kein normales Pferd. Du bist ein Zauberpferd. Du kannst Elemente in deiner Umgebung so verändern, dass du damit umgehen kannst.

Vielleicht war der Zaun zuvor sehr hoch und schien unüberwindbar. Nun kannst du ihn kraft deiner Gedanken und deiner Vorstellung verkleinern.

Dieser machtvolle Glaubenssatz, der dich definiert und davon abgehalten hat, dich in Richtung deiner Berufung auszubreiten, ist nun nicht mehr riesig und feststehend, sondern wird immer kleiner und beweglicher. Am Ende ist er vielleicht immer noch da, doch er ist so klein geworden, dass du ihn in die Hand nehmen und hin und her drehen kannst. Du kannst ihn inspizieren, seine Beschaffenheit überprüfen und beobachten, woher er kommt und wie er seine Standhaftigkeit erreicht hat. Du befindest dich nun in der Position, mit diesem Glaubenssatz etwas tun zu können. Er hat dich nicht länger im Griff, weil du deine Vorstellung und deine Fantasie dazu benutzt hast, ihn auf eine für dich geeignete Größe herunterzubrechen.

> Wenn du möchtest, kannst du die bildhafte Vorstellung nun verlassen und auf die Körperebene wechseln. Konzentriere dich auf den Moment und nimm wahr, welche Emotionen der Glaubenssatz bisher in dir ausgelöst hat. Vielleicht bist du angespannt, ziehst die Schultern hoch und fühlst eine dunkle Wolke um deinen Kopf herum. Dein Bauch zeigt Unwohlsein und deine Hände sind kalt. Verfolge, welche Gedanken und Gefühle nun in dir auftauchen. Wie verstärkt der Glaubenssatz das Lebensgefühl von Sinn- und Hoffnungslosigkeit?
>
> Stelle dir nun deinen Glaubenssatz wie an einer Schnur aufgehängt vor, an der sich verschiedene Anhänger befinden: Die Grundüberzeugung ebenso wie ihre Anhängsel Scham, Schuldgefühle, Ohnmacht.
>
> Diese Schnur zieht sich in unzähligen Windungen durch deinen ganzen Körper.
>
> Nun stell dir vor, du könntest diese Schnur aus deinem Körper herausziehen.
>
> Nimm wahr, wie all der Druck, die schlechten Gefühle und die Begrenzung deinen Körper mit der Schnur verlassen und Platz machen für ein Gefühl der Erleichterung, der guten Luft und eines weiten Horizontes. Atme tief ein und aus und nimm mit der Atmung den Raum wahr, der in dir entstanden ist.

Diese Übung ist eine von vielen, um mit deinen inneren Blockaden auf eine Art umzugehen, die dir neue Freiheit verschafft. Auflösungsarbeit ist nicht etwas, was du einmalig durchführen wirst, um dann für immer verändert zu sein. Deine alten Muster begleiten dich eine lange Zeit, doch je bewusster und aufmerksamer du dafür wirst, in welcher Weise sie dein Leben beeinflussen und dich zurückgehalten haben, desto mehr verlieren sie mit der Zeit ihre Macht. Du kannst lernen, dich immer öfter anders zu verhalten und somit neue Muster für dich einzuüben. Dazu liest du in den folgenden Kapiteln noch mehr.

Die Bedeutung des Reiters

Diesem Abschnitt kommt besondere Bedeutung zu. Um beim Bild des eingesperrten Pferdes zu bleiben, kannst du nun die Rolle des Reiters in der Konstellation genauer unter die Lupe nehmen: Er repräsentiert dein menschliches Umfeld, sowohl Beziehungen aus deiner Vergangenheit als auch aus deiner Gegenwart.

Deine persönliche Geschichte wird vor allem auch mit und durch die Menschen geschrieben, mit denen du dich umgibst.

Zum einen ziehst du immer die Menschen in dein Leben, die unbewusst deine Glaubenssätze bestätigen: Bist du es dir beispielsweise nicht wert, in einer liebevollen Beziehung unterstützt und getragen zu werden oder eine Freundschaft auf Augenhöhe zu führen, in der deine Bedürfnisse genauso wichtig sind wie die deines Gegenübers, wirst du immer wieder Menschen in dein Leben ziehen, die genau diese inneren Muster durch ihr Verhalten bestätigen. Du bist unbewusst darauf ausgerichtet, dass sich deine Glaubenssätze immer wieder durch dazu passende Erlebnisse als wahr beweisen und damit noch verfestigen. So wird aus einer vielleicht als Kind gefühlten anfänglichen Vermutung eine Gewohnheit und schließlich ein fest gefahrenes Muster, welches deinen Charakter mit formt. Du verfällst zum Beispiel fast automatisch in die Opferrolle, benimmst dich durchweg schüchtern und zurückhaltend, fällst auf als besonders still oder eine gute Zuhörerin (deren eigene Bedürfnisse keinen Raum finden) – du hast lediglich gelernt, so zu sein und dich darüber zu definieren, weil entsprechende Erfahrungen deine Muster jahrelang untermauert haben.

Du suchst dir also von innen heraus deine Umgebung aus, ob bewusst oder unbewusst. Damit bist du Teil der Gestaltung deiner menschlichen Umwelt.

Zum anderen beeinflusst diese menschliche Umwelt in Wechselwirkung wiederum deine Innenwelt. Je nachdem, welcher Teil deines Charakters, deines Wesens dir durch andere Menschen gespiegelt wird, zeichnet sich die Richtung ab, in die du dich entwickelst.

Die Spiegelneuronen in unserem Gehirn bewirken, dass immer das verstärkt und beim anderen gefühlt wird, was wir aussenden.

Wir zeigen uns gegenseitig, wer wir sind – jedoch immer nur soweit auch wir selbst gewisse Anteile in uns tragen. Daher kommt das Phänomen, dass du dich bei unterschiedlichen Menschen auch jeweils selbst anders wahrnimmst.

Hast du schon einmal beobachtet, dass einige Menschen, vorzugsweise die, die deinen frühen nahen Bezugspersonen in ihrem Wesen sehr ähnlich sind, die tiefsten deiner Schattenseiten ans Licht bringen und du dich plötzlich vollkommen verkannt und nur in deinen „schlechten" Seiten wahrgenommen fühlst? Du fühlst dich missverstanden, hast Schwierigkeiten in der Kommunikation und das Gefühl, als redet ihr vollkommen aneinander vorbei.

Bei anderen Menschen wiederum fällt es dir außergewöhnlich leicht, in deiner Kraft zu sein, dich strahlend und ganz zu fühlen, auf den Punkt bringen zu können, was du zu sagen hast und in Kreativität und Freiheit aufzugehen. Sie zeigen dir die Anteile deiner Persönlichkeit, die gute, vertrauenerweckende Erfahrungen gemacht haben und sich daher gesund entwickeln konnten.

Beide Umgebungen zeigen dir einen Teil dessen, wer du bist – wer du *bisher* bist. Und es ist wichtig, dich mit diesen Anteilen auseinanderzusetzen und damit in intensiver innerer Arbeit Frieden zu finden. Dieses Buch geht nicht tiefer auf innere Heilungsarbeit ein – in dem Buch „Das Kind in dir muss Heimat finden" von Stefanie Stahl findest du jedoch detaillierte Informationen, tiefe Erkenntnisse und praktische Anleitung zur Heilung deines sogenannten „inneren Kindes".

Im Kern geht es nach all der inneren Arbeit darum, eine äußere Umgebung zu schaffen, die die Charakteranteile in dir stärkt, die dich gesund, glücklich und kraftvoll fühlen lassen. Dies bedeutet nicht, dass deine Schattenseite ignoriert wird. Die innere Arbeit zielt darauf ab, diese Anteile wieder zu fühlen, voll und ganz wahr- und anzunehmen, wieder zu dir zurückzuholen und im Endeffekt zu transformieren, sodass sich der Schmerz in dir langsam lösen kann.

In diesem Prozess erfährst du neue Freiheit, um dich in eine Richtung zu entwickeln, die dich auch deiner Berufung näher bringt - die störenden Glaubenssätze verlieren ihre Macht, an ihre Stelle rücken neue, bestärkende Ansätze, die in dir den nötigen Glauben schaffen, dass dein Handeln und dein Platz in dieser Welt wichtig und von Bedeutung sind.

Nun ist es wichtig, genau zu beobachten, in welcher Umgebung du dich befindest – und zukünftig befinden möchtest. Da deine Mitmenschen die Entwicklung deines Wesens und deiner Träume, deiner Ausrichtung und deines Lebensgefühls so maßgeblich mitbestimmen, weil sie durch ihr Sein deine resonierenden Anteile spiegeln und damit verstärken, was bereits in dir angelegt ist, wirst du nicht umhinkommen, deine „Reiter" genau unter die Lupe zu nehmen.

Wer erhält die Erlaubnis, durch deine Wahl deine Richtung mitzubestimmen? Bedenke, alles kommt aus dir heraus, niemand hat Macht über dich und kann dich zwingen, eine bestimmte Richtung einzunehmen. Doch das, womit du dich verbindest, beeinflusst dich naturgemäß. Darum stehst du in der Verantwortung, dein soziales Umfeld klug zu wählen.

Mehr dazu liest du im Kapitel „Der Weg zu deiner Berufung – kreative und praktische Hilfestellung".

Komme noch einmal auf das Bild des Reiters zurück: Vielleicht befinden sich Menschen in deinem Leben und deiner unmittelbaren Umgebung, von denen du dich nahezu fremdbestimmt fühlst. Du hast den Eindruck, als reiten sie dich in eine bestimmte Richtung, halten dich im Zaum oder unterdrücken dein wahres Wesen. Vielleicht fühlst du dich ausgeliefert und fast schon gewaltsam in einem Leben und einem Alltag festgehalten, der dir nicht guttut.

Möglicherweise erscheint dir deine Berufung nur wie eine vage Hoffnung, das Wildpferd am Horizont zu werden, in unerreichbarer Ferne - aufgrund deiner Umstände und der Verstrickungen mit den Menschen, die dein Leben zu bestimmen scheinen.

In diesem Fall darfst du dir bewusst machen: Du hast deine Macht abgegeben. Deine Berufung zu finden und zu leben ist deine Verantwortung und eine Antwort auf das Glück, das du zuvor in deiner Seele, deiner eigenen Quelle bereits gefunden hast. Wenn du anderen Menschen die Aufgabe zuteilst, über dein Unglück und damit auch über dein Glück zu bestimmen, indem du ihnen erlaubst, dass sie die Richtung vorgeben, in die du dich entwickelst, werden sie dich von deiner Berufung wegführen. Niemand kann den Platz an deiner Stelle einnehmen, den du auszufüllen bestimmt bist.

Auch Menschen, mit denen du befreundet bist, die dich fördern und dir guttun, können nicht an deiner Stelle deine Schritte in Richtung deiner Berufung für dich gehen. Gute Freunde werden dich auf Augenhöhe begleiten und dich als gleichwertiges Wesen betrachten, ohne Macht über dich auszuüben, zu versuchen dich anzuleiten oder dir ihre Sicht überzustülpen.

Daher ist es wichtig, dass du entscheidest, kein berittenes Pferd mehr zu sein. Du entscheidest nicht nur, wer auf deinem Rücken reiten darf, sondern wechselst grundlegend deine Identität:

Du bist nicht länger ein gezähmtes Pferd, sondern ein Wildpferd. Ein Wildpferd geht nach seinem Instinkt. Es ist und bleibt unberitten.

Was bedeutet Berufung für einen Empathen?

„In dir muss brennen, was du in anderen entzünden willst.
Lebe für das, was dir wichtig ist,
und gib dafür alles, was du
an Talenten mitbekommen hast."

Roland Plocher

Was ist ein Empath?

Empathie ist die Begabung, die Gefühle, Regungen und Lebenswelt anderer Menschen intensiv miterleben zu können und sich voller Mitgefühl in sie hineinzuversetzen. Viele Empathen erleben dabei die Gefühlswelt der Menschen um sie herum genauso stark mit, als sei es ihre eigene Lebenswelt. Oft verschwimmen die Grenzen zwischen dem eigenen Innenleben und dem der Mitmenschen. Zudem sind Empathen meist sehr sensibel und nehmen sich die Schicksale anderer zu Herzen. Sie sehen sich der Herausforderung gegenüber, gesunde Grenzen zu setzen, Beziehungen zu Menschen zu pflegen, die sie für ihre Gabe schätzen und ihnen guttun und ihr Mitgefühl reif und klug einzusetzen, um einen neuen gesellschaftlichen und sozialen Fokus auf gelebtes Miteinander zu legen.

Empathen erleben nicht nur die Gefühlswelt ihrer Mitmenschen intensiv mit, sondern können sich auch in deren Verhalten und Motive hinter ihren Entscheidungen gut hineinfühlen. Sie verstehen leichter, woher gewisse Empfindlichkeiten rühren und warum Menschen verletzt sind, affektiv handeln oder wo die Wurzeln zwischenmenschlicher Konflikte liegen.

Es ist oft leicht, Empathen dazu zu bewegen, zuzuhören und da zu sein, Hilfe und Unterstützung zu bieten und tiefe Gespräche zu führen. Die Werte von Empathen sind oft stark an Ideale geknüpft und auf Beziehung ausgerichtet – so ist ihnen Authentizität, Treue, Loyalität und sanfte Hingabe wichtig.

Fälschlicherweise wird oft vermutet, dass Empathen labil und schwächlich erscheinen. Viele Menschen nehmen Empathen nicht ernst und neigen dazu, sie auszunutzen oder über ihre Grenzen hinwegzugehen.

Dies ist jedoch nur möglich, wenn der Empath in seinem Sein noch nicht genügend reflektiert ist und damit seinen Selbstwert noch nicht erkannt hat. Ein Empath, der wahrhaft in sich ruht und gelernt hat, zuerst sich selbst mit Mitgefühl und Selbstliebe zu begegnen, ist meist ein starker, friedvoller und ausgeglichener Mensch, der als Freund und Partner einen wertvollen Beitrag zu der ersehnten Tiefe in der Beziehung leistet. Nur, wenn der Empath auch sehr sensibel ist und die vielen inneren und äußeren Eindrücke ihn zeitweilen überfordern, ist es hin und wieder schwer für ihn, bei sich zu bleiben und zu unterscheiden, welche Vorgänge in der eigenen und welche in der Verantwortung des Gegenübers liegen.

Empathie – die wiederkehrende Verbindung zu deinem Menschsein und der Schatz des Augenblickes

Empathie ist eine zutiefst menschliche Eigenschaft. Wie bereits beschrieben, formen wir unsere Umwelt und diese uns durch unsere Spiegelneuronen. Wir sind, weil andere sind und entstehen jeden Tag neu. Nichts bleibt, wie es ist, alles in uns und um uns herum ist beständig in Bewegung.

Empathie ist die Brücke zwischen Lebewesen. Den anderen in seinem Wesen und Sein spüren zu können, ist die Grundbasis für die Verständigung zwischen Menschen. Gäbe es keine Empathie, könnten wir ein Gegenüber nur über unsere Sinne wahrnehmen – und würden damit die Hauptaspekte seiner Persönlichkeit verpassen, weil wir nur den Körper und die Geräusche des anderen erleben könnten. Das Seelen- und Gefühlsleben bliebe uns verborgen, alle Erklärungen des anderen wären leere Worthülsen und könnten nur mit unserem Verstand begriffen werden.

Jede lebendige Begegnung wäre unmöglich. Tatsächlich kämen wir als menschliche Wesen ohne empathische Fähigkeit einer Maschine gleich.

Es ist daher unumstritten, dass jeder gesunde, beziehungsweise „normal neurotische" Mensch über empathische Fähigkeiten verfügt und somit zu einem Mindestmaß an Beziehung und Verbindung zu sich selbst und seiner Umwelt fähig ist.

Da, wo Menschen ihre empathischen Fähigkeiten unterdrückt oder abgeschnitten haben, fand in der Vergangenheit meist tiefe Verletzung statt. Auf die eine oder andere Weise konnte die Seele die wahrgenommenen Eindrücke nicht verarbeiten. Vielleicht war die Umgebung gefährlich für Leib und Leben. Sie weckte Verlassensangst, Ohnmacht, Hilflosigkeit oder Überforderung. Sie drängte den Menschen in eine Rolle, der er weder gerecht werden konnte, noch seiner ursprünglichen Stellung nach sollte (beispielsweise ein Kind, welches der unreifen Mutter gegenüber in die Elternrolle wechselt).

„Besonders empathische Menschen" existieren daher nur relativ: Im Zusammenhang mit der sozialen und gesellschaftlichen Umwelt, die wir geschaffen haben, in der es vorrangig gilt, zu funktionieren, fällt ein mitfühlender Mensch lediglich mehr auf, da es in einer systematisierten, profitorientierten Welt, in der Vergleich und Vorteil anderen gegenüber an der Tagesordnung sind, nicht üblich ist, auf Basis der emotionalen Ebene zu agieren. Die Offenbarung der eigenen Gefühle ist in einer solchen Umgebung insofern auf den ersten Blick von Nachteil, als dass sie verletzlich macht und wunde Punkte offenlegt.

Wir haben gelernt, uns zu verteidigen und hinter Masken und Rollen zu verstecken, anstatt unser wahres Ich in Echtzeit voreinander zu zeigen. Es ist schlicht nicht profitabel und die wahren Gefühle und Befindlichkeiten sind nicht immer angenehm, weder für den Fühlenden noch für den Empfangenden. Authentische Begegnungen verlangen uns immer ab, uns zu reflektieren und auch schmerzliche Punkte nicht länger zu ignorieren. Zudem ist die Geschäftswelt, um die sich unser heutiges Leben weitestgehend dreht, auf Effizienz ausgerichtet: Es gilt, mit möglichst wenig Aufwand möglichst hohe Gewinne zu erzielen – sowohl in finanzieller als auch in machtstrategischer Hinsicht. Das Einbeziehen menschlicher Regungen bringt fast immer eine Auseinandersetzung mit sich, die Zeit und Raum benötigt. Wir müssen uns ganzheitlicher damit befassen und können nicht mehr einfach so funktionieren und „abliefern". Daher ist es für viele Menschen einfacher, eine Rolle zu spielen, anstatt sich wieder mit ihren wahren Gefühlen zu verbinden.

Doch zunehmend erkennen wir, dass uns dieser Weg in eine Sackgasse führt: Ohne die Pflege und Beachtung ihres Gefühlslebens werden Menschen schlichtweg krank – sowohl körperlich als auch seelisch. Langfristig gesehen arbeiten wir damit gegen uns selbst und alles, was wir uns mühevoll aufgebaut haben. Daher entscheiden glücklicherweise immer mehr Führungskräfte und Start-ups in der Arbeitswelt, Programme zu unterstützen, die ihren Mitarbeitern persönlich zugutekommen und sowohl Konflikten im Team als auch persönlichen Befindlichkeiten Raum zu geben. Der Arbeitsplatz soll immer mehr zu einem Ort werden, an dem Menschen nicht mehr ihr wahres Ich vor Beginn des Arbeitstages an der Garderobe ablegen. Das alte System der Rentabilität bezogen auf den Menschen hat ausgedient und wir erkennen, dass wir mehr sind als nur eine Ressource.

Empathie ist also wieder im Kommen und wird gesellschaftsfähig – doch die Entwicklung hin zu einem neuen Miteinander geht nur langsam vonstatten. Veränderungen brauchen Zeit, das zeigt sich sowohl in unserem privaten Seelenleben als auch in unserem sozialen Miteinander. Immer noch haben wir Angst vor Nähe, immer noch fürchten wir uns davor, wirklich erkannt zu werden. Darum wird Empathie nicht natürlicherweise vorausgesetzt, wie die Tatsache, dass ein Mensch in der Regel zwei Hände und zwei Beine hat. Ein Empath fällt auf – erst recht, wenn er sich seiner Gabe bewusst ist und sie in reifer, gesunder und verantwortungsvoller Haltung zum Wohle seiner Mitmenschen einsetzen möchte. Für diese Menschen, Menschen wie dich, ist dieses Buch geschrieben.

Die Hinwendung zu deinen seelischen Verletzungen, ihre liebevolle Annahme und Auflösung bewirken im Laufe des Prozesses bald, dass du wieder mehr fühlst – oder dir endlich bewusstwirst, warum du schon immer so viel gefühlt hast: Du erkennst, dass alles, was dir weh tut, ein Hinweis darauf ist, *dass etwas nicht richtig läuft.*

Schmerz ist nicht ein Symptom, das um jeden Preis wegmuss. Mitgefühl ist kein Zeichen von Schwäche. Das Bedürfnis, für andere da zu sein, wenn sie leiden, entspringt unserem tiefsten Bedürfnis nach Gemeinschaft und Beziehung. Instinktiv ist uns bewusst, wir sind nicht dafür gemacht, die Dinge allein zu wuppen. Erst eine Einbindung in ein soziales Netz mit echter, authentischer Begegnung macht das Leben voll, lebendig und lebenswert.

Empathie ist das Bindeglied zur Außenwelt, zu anderen Herzen. Daher ist sie als essenzieller Bestandteil der menschlichen Interaktion nicht wegzudenken.

Vielleicht bist du als Empath schon oft dem Vorurteil begegnet, verweichlicht oder zu sensibel zu sein.

Lass dich nicht beirren: Deine Zugänglichkeit ist ein wertvoller Schatz und ein Wegweiser in Richtung deiner Berufung, einer Zukunft, die dich mit offenem Herzen in dieser Welt wirken lässt. Wer empathisch ist, ist in der Lage, sein Handeln und Fühlen so zu beleben, mit Geist und Sinn zu füllen, dass es andere wahrhaft berührt. Du spürst, was die Welt braucht. Somit kannst du deine Begabung an der richtigen Stelle einfließen lassen, um Leid zu lindern, Freude hervorzurufen, Träume Realität werden zu lassen, Beziehungen zu befruchten.

Inspiration

Schreibübung

Vorbereitung:

Bereite dich vor, wie in der Inspirationsübung im ersten Kapitel beschrieben.

Übung:

Lebendigkeit, Geist, Sinn

Wann wurdest du das letzte Mal von einer Handlung, einer Bewegung, einem Wort eines anderen Menschen zutiefst bewegt und verändert zurückgelassen? Welchen Eindruck hat dieses Erlebnis bei dir gemacht? Kannst du nachspüren, was genau dich bewegt hat? War es die technische Ausführung, die kluge Redegewandtheit, tugendhaftes Verhalten oder Perfektion? War es das Lächeln, makelloses Aussehen, einwandfreie Performance?

Was ist es, das dich in deinen Grundfesten erschüttern, aufrütteln kann und lebendig werden lässt?

> Beschreibe so gut du kannst, welche tiefer liegenden Wahrnehmungen dich wirklich bewegt haben.
>
> Nun stelle dir vor, *du* seist der Mensch, der durch sein Wirken und Sein andere zutiefst berührt.
>
> Mache dir bewusst, dass es nicht so sehr das ist, was du tust, sondern wie du es tust. Entwickle ein Gefühl für eine Grundausstrahlung, die du verbreiten möchtest und die bereits spürbar ist, wenn du einen Raum betrittst, ohne bisher etwas getan zu haben.
>
> Was werden die Menschen um dich herum spüren, wenn du voll und ganz mit deinem Herzen verbunden bist? Wer bist du?

Empathie, echtes Verständnis für sich selbst und andere macht den Unterschied. Wenn du mit dir selbst verbunden bist, kannst du von Herzen etwas verändern.

Menschsein bedeutet, im Hier und Jetzt zu fühlen und zu erleben, was ist. Die Heilung unserer Seele und damit auch der Strukturen, die wir in dieser Welt als Bollwerk gegen unseren Schmerz errichtet haben, bringt uns zurück in den gegenwärtigen Augenblick. Hier, in diesem Moment, ist es möglich, einander zu begegnen und zu spüren. Menschsein findet in der Gegenwart statt. Alles andere ist eine Geschichte der Vergangenheit oder eine Vision der Zukunft. Zweifellos gehören diese Bereiche zu unserem Menschsein dazu. Ohne eine Geschichte ist der Mensch nicht greifbar, kann sich selbst nicht verstehen.

Doch die Freiheit und Lebendigkeit, nach der du dich sehnst, findet im gegenwärtigen Moment statt. Du bist nicht nur deine Geschichte. In Wahrheit beginnst du erst dann, dich selbst endlich so zu entwickeln, wie du es dir von Herzen wünschst, wenn du dich durch die Heilung alter Wunden von deiner Vergangenheit und ihren Konditionierungen befreist. Deine Beseelung, die Hinwendung zu deinen ursprünglichen, nicht übertünchten Wahrnehmungen und deinem authentischen Ausdruck bringt fast automatisch deine Berufung hervor. In diesem Sinne ist deine Berufung wie ein Baby, das geboren wird, nachdem du schwanger wurdest mit einem Traum, der aus authentischer Begegnung mit dir selbst entstanden ist. Ohne Schutz. Ohne trennende Mauer.

Hast du schon einmal einen Moment erlebt, in dem zwischen dir und einem anderen Menschen vollkommene Stille herrschte – und in ihr eine echte, unverfälschte Begegnung? Kannst du dich erinnern, wie voll und reich, aber auch rückhaltlos dieser Moment gewesen ist? Du hattest vielleicht das Gefühl, gleich unter der Wahrheit dieser Begegnung zerplatzen zu müssen. Vielleicht hast du dich auf wundersame Weise erkannt gefühlt – aber eben auch in erschreckender Hinsicht bloßgelegt. Plötzlich lag alles offen, was du bisher versteckt hast. Solche Begegnungen machen Angst. Doch sie legen auch ein ungeahntes Potential an Nähe frei, in dem es nicht mehr möglich ist, unser tiefes Sein durch ablenkende und abwehrende Schutzstrategien voneinander fernzuhalten.

Genau diese Atmosphäre ist der Ort, an dem du deine Berufung suchen musst.

Wahre Begegnung verlangt von uns ab, hier sein zu müssen. Präsent und aufmerksam, ohne uns zu verstecken, können wir fühlen.

Liebe Leserin, lieber Leser, nun wirst du direkt angesprochen, denn die vergangenen Seiten haben viel über etwas gesprochen, anstatt dich direkt anzusprechen. Spürst du den Unterschied, den Grad der Wachheit und Aufmerksamkeit? Auf einmal kommt es zu einer Begegnung, die sogar zwischen einem Text und dir möglich ist. Vielmehr noch: Es ist eine Begegnung zwischen dir und dir. Denn du fühlst dich gespiegelt, berührt und damit mit dir selbst in Berührung gebracht. Kannst du jetzt gerade wahrnehmen, wie du dich fühlst? Nimm dir eine kurze Pause, wenn du möchtest, und atme tief durch. Spüre deine Umgebung, in deinen Körper hinein, nimm wahr, wie es dir geht.

Eine Begegnung mit dir selbst, in der du dich nicht hinter Konzepten über dich selbst, deinen Hobbys, immer neuen Ideen und Geschäftigkeit versteckst, wird dir die Basis zur Verbindung mit deinem Herzen schenken – und damit auch mit deiner Berufung.

Nun fällt ständig das Wort Berufung, doch eigentlich hast du bisher nur gelesen, wie du deine Vergangenheit aufräumen und wieder in Verbindung mit dir und anderen kommen kannst. Du fragst dich vielleicht, wie du vom Thema des Begegnens, Fühlens und der Empathie endlich in Richtung deiner Berufung findest, vielleicht sitzt du auf glühenden Kohlen, voller Tatendrang, du möchtest etwas tun!

Wenn du dein Herz öffnest für die tieferen Zusammenhänge, die dem Thema Berufung zugrunde liegen, wirst du entdecken, dass deine Verbindung zu deinem Sein, die Heilung deiner Vergangenheit und die Wiederherstellung deiner ureigenen Ausstrahlung dich genau in die Schaffens- und Tatkraft führt, die du dir ersehnst.

Inspiration

Achtsamkeitsübung

Vorbereitung:
Bereite dich vor, wie in der Inspirationsübung im ersten Kapitel beschrieben.

Übung:
Verbleibe in der Haltung der Präsenz und Achtsamkeit, die du durch die Vorbereitung erlangt hast. Gehe nun noch tiefer in die Aufmerksamkeit, indem du dein Hauptaugenmerk auf deinen Atem richtest.

Folge deinem natürlich fließenden Atem in verschiedene Bereiche deines Körpers. Lasse deinen Atem jeden kleinsten Winkel in deinem Körper berühren und durchfließen und stelle dir dabei vor, dass er deine Zellen zum Leben erweckt.

Richte nun deine Aufmerksamkeit zu deinen Füßen. Stelle sie auf festen Boden und fühle den Kontakt. Spüre nun deine Füße von innen heraus, jeden einzelnen Zeh, die Ballen, Fersen, den Spann, die Oberseite. Spüre, wie sich langsam ein wohliges Kribbeln in deinen Füßen ausbreitet. Halte die

> Aufmerksamkeit so lange auf deinen Füßen, wie es für dich angenehm ist.
>
> Diese Übung ist dazu da, dich mit deiner Umgebung zu verbinden, indem du den Kontakt zum Boden spürst. Zudem ist es recht leicht, das lebendige Kribbeln in den Füßen wahrzunehmen, welches sich immer da im Körper ausbreitet, wohin wir unsere Aufmerksamkeit lenken.
>
> Dies macht dir bewusst, wie kraftvoll deine Hinwendung und Ausrichtung ist: Was du beachtest, wird lebendig, es regt sich und wird beseelt. Es findet eine gehaltvolle Begegnung statt, die nichts weiter bedarf und in sich sinnvoll und heilsam ist.
>
> Zudem fühlst du dich lebendig und kannst deine Kraft wieder mehr spüren, was dir hilft, Ideen zu entwickeln und umzusetzen. Durch Kontakt mit deinem Körper und in diesem Fall speziell mit deinen Füßen, wird dir bewusst, dass du vorwärtsgehen kannst.

Intuition und Empathie – zwei unzertrennliche Schwestern auf dem Weg in deine Berufung

Wenn Intuition und Empathie Hand in Hand gehen, entsteht in einem Alltag eine besondere Magie.

Deine Intuition ist dafür zuständig, dich auf dem Weg deiner persönlichen Wahrheit zu halten. Sie äußert sich wie eine leise Stimme in deinem Inneren, ein stilles Wissen, welches oft nicht logisch zu erklären ist.

In alltäglichen Begegnungen lässt sie dich spüren, ob ein Mensch dir authentisch und vertrauenswürdig erscheint. Sie weist dich darauf hin, wenn du im Begriff bist, eine Entscheidung zu treffen, die nicht deiner eigentlichen Haltung entspricht. Sie ist dafür zuständig, in scheinbar ausweglosen Situationen einen kreativen Lösungsansatz zu finden.

Deine Intuition ist eine Kraft, die aus ungeahnten Quellen eine Weisheit hervorzaubern kann, die du mit deiner Logik nicht anzapfen könntest. Sowohl für spirituelle Menschen als auch für solche, die wissenschaftlich und logisch argumentieren, ist diese Quelle erreichbar, wenn sie mit sich selbst verbunden sind. Es geht nicht darum, sie in eine Schublade zu packen und zu benennen oder eine allgemeingültige Wahrheit aus ihr zu machen. Sie ist schlicht das, was innere Bilder in jedem Menschen persönlich erzeugen, um sie orten zu können: Gott, die Liebe, eine allumfassende Energie, das Quantenfeld.

Wir sind als Menschheit noch nicht so weit, diese großen Geheimnisse lüften zu können. Doch wir können sie nutzen, was auch immer sie im Kern nun wirklich sein mögen.

Deine Intuition verbindet sich mit dieser Kraftquelle, die überall zu sein scheint. Mit ihr kannst du über deine bisherige Geschichte und die daraus resultierenden Möglichkeiten für deine Zukunft hinausdenken und eine Vision entwickeln, die das *mehr* beinhaltet, nach dem sich deine Seele sehnt.

Wenn dir nun deine Intuition einen bestimmten Weg weist und sich ein Zukunftsbild in dir entwickelt, das sich für dich stimmig anfühlt und dem du folgen möchtest, kommt deine Empathie ins Spiel:

Oft benötigt es andere Menschen und ein bestimmtes, zu deiner Vision passendes Umfeld, um deinen Traum Wirklichkeit werden zu lassen. Deine Einfühlsamkeit und Sensibilität gegenüber anderen Menschen werden dir dabei helfen, zu spüren, wer in Zukunft in deinem Leben einen gefestigten oder neuen Platz erhält. Du kannst dich in die Situation deiner Berufung hineinfühlen und so erspüren, wem deine Aufgabe dient und mit wem du sie gemeinsam ausführen möchtest. So entwickelt sich ein umfassendes Bild bezüglich deiner sozialen Umgebung: Du findest deinen Platz genau da, wo du mit deinen Begabungen hinpasst und wo deine Leidenschaft auch auf offene Ohren und Herzen trifft.

Inspiration

Schreibübung

Vorbereitung:

Bereite dich vor, wie in der Inspirationsübung im ersten Kapitel beschrieben.

Übung:

Stelle dir vor, deine Intuition sei eine Person. Welches Bild taucht in dir auf – wie sieht sie aus? Ist es ein Wesen, eine Frau, ein Mann? Welche Ausstrahlung hat sie?

Beschreibe dieses Wesen so detailliert wie möglich.

Nun erstelle einen Dialog zwischen euch beiden, in dem du deine Intuition unmittelbar um Rat bezüglich einer Frage bittest, die sich in deinem Leben aktuell als drängend zeigt.

Wenn die Frage zu allumfassend und unspezifisch erscheint, brich sie auf Details herunter.

Lausche anschließend, was deine Intuition dir antwortet, als könnest du sie tatsächlich hören – schreibe auf, was dir in den Sinn kommt.

Beispiel: „Ich wäre so gern eine Autorin und Sprecherin auf großen Bühnen für das Thema [...], aber gerade arbeite ich in dem Café an der Ecke und kann kaum Miete bezahlen. Wie soll ich da nur hinkommen?"

Detaillierte Fragen:

1. Ich habe den Traum, eine Autorin und Sprecherin zu sein. Ich spüre noch Zweifel, ob ich diese Berufung je ausführen werde. Wie kann ich meine Zweifel überwinden?
2. Was sagst du mir, in welchem Teil meiner Lebenszeit diese Realität wahr werden wird?

> 3. Welche Schritte kann ich in diesem Jahr gehen, um den Traum auf den Weg zu bringen?
> 4. Wer braucht heute mein Mitgefühl, sodass eine Atmosphäre entsteht, die mir hilft, meine Verzweiflung zu vergessen und mich darauf zu konzentrieren, dass ich heute schon etwas zu geben habe?
>
> Wenn du Schwierigkeiten damit hast, dir vorzustellen, dass diese Übung tatsächlich funktioniert, versetze dich in die Situation des Spielens. Sage dir: Es ist ja nur ein Spiel. Ich habe nichts zu verlieren. Was ist, wenn ich tatsächlich meine innere Stimme hören kann?

Die Liebe wiederfinden

Das Kernereignis einer heilsamen Entwicklung für deine Seele ist die Hinwendung zu deiner Liebesfähigkeit.

Im Laufe der Zeit, in der wir aufwachsen und immer mehr Rollen annehmen, auf die wir konditioniert werden, verlieren wir langsam die Fähigkeit, uns unmittelbar, schutzlos und mutig einem anderen Menschen zuzuwenden und ihm unsere ganze Liebe zu schenken.

Als Kinder sind wir vollkommen unfähig, allein zu überleben. Wir sind ganz und gar abhängig von der Zuwendung anderer Menschen, die unsere Seele, unseren Geist und unseren Körper nähren, pflegen und uns von Herzen lieben. Werden wir allein gelassen, sterben wir.

Unsere Liebesfähigkeit entwickelt sich proportional zu unseren positiven frühen Erfahrungen. Tief in uns spüren wir jedoch latent die ursprüngliche Hilflosigkeit und Abhängigkeit gegenüber unserer Umwelt. Wir haben nichts zu geben und müssen uns darauf verlassen, um unserer selbst willen geliebt zu werden. Dieses Gefühl der Unterlegenheit führt im Laufe unserer Entwicklung oft dazu, dass wir uns Strategien zurechtlegen, mit denen wir es kompensieren und damit auch weniger spüren müssen. Dadurch werden wir erfolgreich in speziellen Bereichen, entwickeln überdurchschnittliche Fähigkeiten in unseren Interessensgebieten, spezialisieren uns, kurz, wir möchten besser sein als andere, oder mindestens genauso gut.

Grundsätzlich ist diese zutiefst menschliche Entwicklung vollkommen normal und kann nicht bewertet werden, wie Karl Rogers in seiner Lehre über die Individualpsychologie erklärt.

Nebenbei findet jedoch noch eine andere Entwicklung statt: Wir beginnen, uns über unsere neu gewonnenen Fähigkeiten und Interessen zu definieren und uns damit immer weiter von unseren grundlegenden, frei fließenden Gefühlen und Seinszuständen zu entfernen. Wir sind nicht mehr einfach das Baby, welches voll und ganz in seinem Körper wohnt, in Echtzeit seine Gefühle ausdrückt und mit dem fließt, was gerade ist: Hunger, Müdigkeit, Bauchweh, Sehnsucht nach Körperkontakt, Freude, Traurigkeit.

Stattdessen übertünchen wir diese Grundgefühle mit kompensierenden Handlungen, die uns von unserem wahren Zustand ablenken. Wir sind erfolgreich – und können uns besser fühlen. Wir haben einen Streit gewonnen – und spüren Macht, anstatt die Trauer über die vielleicht verlorene Verbindung. Wir steigen die Karriereleiter empor – und fühlen uns unverletzbar – doch entgehen dem Schmerz, nie so sehr geliebt worden zu sein, wie die große Schwester.

Die in den vorherigen Kapiteln beschriebene Reise zur Heilung und Hinwendung zu unseren ursprünglichen Gefühlen setzt unsere tief verborgene Fähigkeit, bedingungslos zu lieben, wieder frei.

Wir lernen Schritt für Schritt, uns dem alten Schmerz zu stellen und ihn auszuhalten, anzunehmen und damit aufzulösen. Wir erkennen, dass wir weiterleben.

Diese Momente führen oft dazu, dass uns bewusstwird, was wir alles tun, um angenommen und geliebt zu sein.

Wenn du möchtest, kannst du es gleich ausprobieren:

Schreibe auf, in welchen Bereichen du in deinem Leben, z. B. im Beruf, in Freundschaften und in der intimen Ich-Du-Beziehung, Strukturen aufgebaut hast, um Liebe, Anerkennung und Zuneigung zu erhalten. Diese Nachforschung benötigt absolute Ehrlichkeit mit dir selbst. Es kann weh tun, zu realisieren, welche tagtäglichen Tätigkeiten du vornimmst, um dir die Aufmerksamkeit bestimmter Menschen zu sichern oder auch, um dir selbst zu beweisen, dass du interessant, liebenswert, schön, schlicht *genug* bist. Doch der Prozess ist äußerst heilsam.

Es kann sein, dass du schnell zu dem Punkt gelangst, diese Herangehensweise nicht weiter verfolgen zu wollen. Du möchtest frei sein, deine Berufung zu finden und zu wählen, ohne von inneren Bedürfnissen getrieben zu sein, die damit erfüllt werden müssen und deinen Selbstwert untermauern. Damit hast du recht: Alles, was du tust, um wertvoll zu sein, enthält nicht die authentische Ausstrahlung und Liebesfähigkeit, die deine Berufung lebendig macht. Du bist zu echter, heilsamer Liebe fähig, wenn du dich bereits geliebt fühlst und aus dieser Sicherheit heraus weißt, dass du etwas zu geben hast.

Zudem würde dich deine Berufung wie in einer Art Gefangenschaft halten, wenn du mit ihr versuchst, etwas zu kompensieren, das dir fehlt. Du könntest nicht frei, freudig und spielerisch damit umgehen und damit auch nicht die persönliche Erfüllung finden, die du dir darin ersehnst. Ein Paradox - scheint es doch geradezu verführerisch, deine seelischen Bedürfnisse abzudecken und gleichzeitig etwas zu tun, was dir von Herzen liegt. Doch die beiden Bereiche müssen voneinander entkoppelt sein, um ihre wahre Kraftquelle anzapfen zu können.

Du wirst als Mensch nie vollkommen geheilt und ganz sein. Deine Vergangenheit ist ein Teil von dir und macht dich mitunter zu dem, wer du bist – du darfst dich mit all deinen Narben annehmen und lieben. Daher musst du nicht warten, um deine Berufung zu leben, bis du endlich geheilt bist. Es geht lediglich um eine Bewusstwerdung der Tatsache, dass deine Berufung nicht dazu da sein sollte, deine tiefsten Herzensbedürfnisse zu stillen. Sie ist dazu da, dass wieder *etwas richtig läuft*, dass der Schmerz der Welt dadurch kleiner wird, dass jemand etwas aus seinem ganzen Herzen und seiner ganzen Seele heraus tut, verbunden mit sich und freier werdend von den Projektionen seiner Vergangenheit.

Die Kraft deiner Empathie entdecken

*„Schaffe die höchste und großartigste Vision für dein Leben,
weil du zu dem wirst, woran du glaubst."*

Oprah Winfrey

Empathie als richtunggebende Kraftquelle

Ein empathischer Mensch ist, so er sich dieser inneren Ausrichtung bewusst ist und damit arbeitet, nicht einfach nur nebenbei empathisch. Empathie ist nicht eine von vielen Charakteranteilen, die ab und an zum Zuge kommen und ansonsten außen vor gelassen werden können.

Wer empathisch ist, ist es die meiste Zeit über in seinem Alltag. Empathie prägt jeden Bereich des Lebens: Die Verbindung zu sich selbst, zu seinen engsten Bezugspersonen, zu den Kollegen auf der Arbeitsstelle und auch einmalige, kurze Begegnungen, wie z. B. ein Einkaufserlebnis mit einem Mitarbeiter an der Kasse oder sogar ein simpler Spaziergang, bei dem Menschen aneinander vorbeigehen, ohne miteinander zu sprechen.

Kommunikation findet überall im Alltag statt. Ständig fließen Informationen zwischen Menschen hin und her, selbst, wenn sie sich bewusst oder unbewusst aus dem Weg gehen. Die nonverbale Kommunikation prägt mehr als alles andere die Wahrnehmung und Gefühlsausrichtung des Empathen, der innerhalb von Sekundenbruchteilen spürt, wie es den Menschen um ihn herum ergeht.

Er sieht sich herausgefordert, beständig zu unterscheiden, welche Gefühle und Stimmungen seine eigenen sind und welche er von anderen Menschen empfängt.

Zudem beeinflussen wir uns gegenseitig in unseren Wahrnehmungen und Projektionen, was zu einer gemeinsam erschaffenen Erfahrung führt.

Ein empathischer Mensch trägt diese Erfahrungen viel intensiver mit sich, bereitet nach und beschäftigt sich damit. Selbst, wenn er nicht mehr aktiv darüber nachdenkt oder reflektiert, ist er mit der zwischenmenschlichen Erfahrung tiefer verbunden als ein Mensch, der stark auf sich selbst ausgerichtet ist.

Mitgefühl wirkt somit wie eine Art Schaffenswerkzeug, mit dem der Empath seine eigene Lebenswelt mit formt. Die Ausrichtung auf die Lebenswelt anderer Menschen mitsamt ihrem Wohlergehen oder Leiden beschäftigt ihn, er tendiert stark dazu, vor dem Treffen persönlicher Entscheidungen die Perspektiven anderer Menschen mit im Blick zu behalten. Er spürt und weiß, dass er nicht getrennt von seiner Umwelt existiert und sich alles gegenseitig beeinflusst.

Es könnte leicht den Eindruck machen, als sei Empathie eine recht anstrengende Begabung. Doch bei bewusstem, klarem und achtsamem Umgang ist Empathie eine wunderbare Kraftquelle für den sensiblen, beziehungsorientierten Menschen:

Empathische Menschen beziehen Energie und Fülle meist zum einen aus:

1. Begegnung mit anderen

Eine intime, authentische, persönliche Begegnung mit wohlwollenden Freunden birgt für einen Empathen wahres Kraft- und Glückspotential. Kaum etwas erfüllt ihn so sehr, wie ein ehrliches Gespräch in gegenseitiger Aufmerksamkeit und bestenfalls basierend auf eingeübter, gewaltfreier Kommunikation. Was die Seele so tief nährt, ist vor allem die Tiefe der gegenseitigen Erkenntnis und damit Verbundenheit, die durch die Selbstoffenbarung und das aktive, liebevolle Zuhören und Umsorgen des anderen entsteht. Beide fühlen sich sowohl gesehen und angenommen als auch bestätigt in ihrer Sehnsucht, dem geliebten Gegenüber durch ihre Zugewandtheit das Gleiche zu geben.

Empathie ist die Brücke vom eigenen Selbst zum anderen, sie schafft Zugehörigkeit und Verbundenheit. Je tiefer und intimer, liebevoller und annehmender eine solche Begegnung verläuft, umso mehr kann sich der Empath *entspannen*. Er spürt nicht mehr den Druck, zu performen und eine Maske zu tragen, sondern kann loslassen und sich in die Begegnung hineinverschenken.

Zum Vergleich: Ein Mensch, der nicht mit seinen empathischen Anteilen verbunden oder versöhnt ist, fühlt sich schnell überfordert und *angespannt*, wenn ein Gespräch eine gewisse Tiefe erreicht. Er fühlt sich wohler in Begegnungen, die den Fokus auf gemeinsame Unternehmungen, Spaß und oberflächlichere Thematiken legen, wie z. B. auf die Arbeit, ein Hobby, ein Projekt oder die politische Lage – kurz, die nicht zu sehr auf sein wahres Inneres zusteuern und damit die Gefahr bergen, erkannt zu werden.

Empathische Menschen ringen oft darum, endlich verstanden zu werden und sind zutiefst erleichtert, wenn dies gelingt. Sie sind angestrengt in ihren Rollen und wünschen sich meist nichts mehr, als einfach sie selbst sein zu können. Sie spüren die Sicherheit im authentischen Sein und auch im Erleben der Authentizität ihres Gegenübers. Andere fühlen sich hinter ihren Masken sicherer und bevorzugen es, bestimmte Themen zu umschiffen, die ihre verletzlichen Bereiche berühren.

Inspiration

Du kannst die empathische, gewaltfreie Kommunikation üben, sowohl mit dir selbst als auch auf dem Papier. Inspirierend sind dafür Ansätze von Marshall B. Rosenberg (Buch „Gewaltfreie Kommunikation") und die Gesprächsführung nach Carl R. Rogers.

So kannst du ein Gespräch auf dem Papier mit dir selbst führen:

Erzähle, was dir auf dem Herzen liegt und reagiere mit den Worten, die du am liebsten als Antwort hören möchtest.

Erzähle frei und offen, versuche, dich zu öffnen und die Dinge auf den Punkt zu bringen, um die es wirklich geht. Während du dich mitteilst, versuche, das dahinter liegende Bedürfnis zu erkunden, welches dich zum Teilen deines Seelenlebens inspiriert. Wünschst du dir Annahme, Verständnis, Trost, Ermutigung?

Begegne diesem Bedürfnis durch deine verbal geschriebene Antwort und beobachte dabei, was passiert. Wie fühlt es sich an, wenn das „Gegenüber", in dem Fall du selbst, genau den Ton und die Worte findet, die dein Herz berühren und dich beruhigen? Spürst du die Verbundenheit?

Du kannst diese Übung so oft wiederholen, wie es nötig ist. In der Tat hilft sie dir, dir selbst persönlich näherzukommen.

Aber auch im Gespräch mit deinen Freunden ist es wichtig, eine gemeinsame Basis und Sprache zu finden. Wenn ihr noch keinen Fokus auf Empathie gelegt habt, sprich mit deinen engsten Freunden darüber, ob sie bereit sind, sich diesem Thema mit dir gemeinsam zu öffnen. Achte jedoch darauf, dass sich die Freundschaft bereits auf Augenhöhe befindet und du dich mit deinem Innenleben bei deinen Freunden bereits sicher und gut aufgehoben fühlst. Du wirst dich nur öffnen können, wenn du deinem Gegenüber vertraust.

Empathische Kommunikation ist sehr hilfreich in konfliktbeladenen Partnerschaften. Doch beide Parteien müssen den Wunsch nach Veränderung mitbringen und die Bereitschaft, miteinander an diesen Themen zu arbeiten. Beachte, dass du dich als Empath mit Menschen umgibst, bei denen dich die Gespräche erfüllen, beleben, energetisieren und inspirieren, bei denen du dich von Herzen angenommen fühlst. Nur dann führt intime Begegnung und Tiefe zu Erfüllung und Kraft.

2. Zeit für sich selbst

Jeder empathische Mensch, der gelernt hat, seine Begabung zuerst bei sich selbst anzuwenden, hat das Potential, zentriert, klar und in Frieden durch seinen Alltag zu gehen.

Die Zeit, die du nur mit dir allein verbringst, ist maßgeblich für jede gesunde Pflanze der Kreativität, Inspiration, Vision und der nötigen Ruhe, die du dir wünschst.

Viele Begegnungen im Außen führen dich kurzzeitig von dir und deinem Lebensgefühl weg. Besonders wichtig ist die Zeit für dich allein, wenn Menschen, mit denen du Zeit verbringst, nicht in sich selbst ruhen und sehr im Außen und in ihren unbewussten Mustern verankert sind. Diese neigen, natürlich meist ungewollt, dazu, dich emotional auszusaugen, sodass du nach einem Treffen müde und erschöpft bist.

Achte zum einen darauf, solche Kontakte auf eine Art zu pflegen, die dich nicht dauerhaft überfordert. Du kannst die Intensität und Dauer der Treffen minimieren oder so anpassen, dass sie dich nicht zu sehr in deinem Gefühl beeinflussen.

Zum anderen lege den Fokus und das Zentrum all deiner Aktivitäten um deine Allein-Zeit herum. Mache es zur Priorität, dir Raum zu schaffen, der nur dir allein gehört – bestenfalls täglich. Entscheide auch so frei wie möglich, welche Tageszeit dir dafür am liebsten ist. Bedenke diese Entscheidungen immer langfristig. Deine körperliche, seelische und geistige Gesundheit hängt davon ab, ob du ausgeruht und gestärkt bist und dich in deiner Haut wohlfühlst. Als Empath tust du gut daran, weder deinen Job noch deine

Freunde oder Familie bestimmen zu lassen, wie viel oder wann du Zeit für dich brauchst. Niemand bedankt sich am Ende dafür, dass du über deine Grenzen hinausgegangen bist. Diese Worte sind so eindrücklich gewählt, weil gerade Empathen oft Schwierigkeiten damit haben, Zeit für sich auf eine Art zu beanspruchen, die in der Prioritätenliste auf gleicher Stufe mit allen Verpflichtungen steht. Sie möchten sich verschenken, dienen, ihre Gaben austeilen und anderen Menschen Gutes tun – an sich selbst zu denken erscheint ihnen oft noch ungewohnt bis hin zu besetzt mit Schuldgefühlen.

Doch stelle dir vor, du bist bereits in dem neuen Denken verwurzelt, welches dir erlaubt, so viel Zeit für dich selbst und deine Regeneration zu nutzen, wie du es benötigst. Alle Energie, die du in dieser Zeit sammelst, belebt die Phasen des Tages, in denen du tätig wirst. Du bist verbunden mit deiner Kraft, spürst dich und deine Gefühle, weißt, was dich über den Tag hinweg beschäftigt und wirst dir deiner selbst immer mehr bewusst. So kannst du aktiv deinen Tag gestalten – und durchbrichst den Kreislauf von Schnelllebigkeit, Hetze und unüberlegter Übernahme von Aufgaben, die du eigentlich gar nicht machen möchtest.

Wäre das nicht wunderbar? Es ist tatsächlich möglich.

Inspiration

Wenn du magst, starte den Selbstversuch. Plane eine Woche lang Zeit für dich allein ein, wesentlich mehr, als du dir bisher zugestanden hast. Wähle die Tageszeit, die dir am liebsten ist und gib dich voll und ganz dir selbst hin, im Nichtstun oder mit Beschäftigungen, die deiner Seele Aufschwung und Ruhe verleihen. Ist die gewünschte Tageszeit aufgrund deiner Verpflichtungen nicht möglich, nutze deinen Urlaub oder andere freie Zeitfenster dazu, dich intensiv damit auseinanderzusetzen, ob deine Arbeitsstelle und deine aktuellen Tätigkeiten deiner inneren Uhr und deinem Ruhebedürfnis dauerhaft entsprechen.

> Stellst du in ehrlicher Auseinandersetzung fest, dass du deine Grenzen nicht beachtest, schreibe einen Text darüber, was genau dich davon abhält, dein Leben so zu gestalten, dass diese Zeit für dich allein an erste Stelle tritt. Was fürchtest du zu verlieren, welche Folgen könnten eintreten, was könnte im schlimmsten Falle geschehen?
>
> Anschließend schreibe darüber, wie du dir deinen idealen Tag/ deine ideale Woche vorstellst und dehne deinen Geist in der Vorstellung, dass es tatsächlich möglich sein könnte, ein Leben in Ausrichtung auf dein Wohlergehen zu führen.
>
> Wenn es um deine Berufung geht, ist dieser Aspekt im Übrigen einer der wichtigsten Grundlagen, um nicht ausgebrannt und verletzt zu früh die Segel streichen zu müssen.

Empathie als Basis für persönliches Wachstum

Persönliches Wachstum ist die Grundlage für die Entwicklung in deine Berufung. Du nutzt deine Gaben und Interessen effektiv und langfristig, wenn du dich beständig bewusst ganzheitlich weiterentwickelst und all deine inneren Anteile Transformation, Heilung und Annahme erfahren.

Empathie spielt in diesem Prozess eine bedeutende Rolle.

Sie möchte dir deinen Weg weisen, doch es geht immer darum, zu erkennen, wohin du dich natürlicherweise aus Liebe hin öffnen würdest, nicht dahin, wo du durch äußere Eindrücke verwirrt bist oder sich Furcht mit hineinmischt.

Folgende innere Hindernisse können deinen Weg in die richtige Richtung benebeln:

1. Mangelndes Selbstwertgefühl: Was ist, wenn andere mich nicht mögen?

Maja sehnt sich zutiefst danach, ihrer Berufung nachzugehen, eine erfolgreiche Sprecherin zu werden. Ihr Leben lang kämpft sie jedoch schon mit ihrer Angst, vor Menschen ihr Herz zu teilen. Je mehr Menschen sich in einer Gruppe befinden, umso größer wird ihre Furcht.

Maja begibt sich daher auf die Suche nach den Ursachen ihrer Angst. Was steckt genau dahinter? Warum bekommt sie kein Wort heraus, kann sich nicht mehr so ausdrücken, wie sie es gewohnt ist und ist vom einen auf den anderen Moment so schüchtern, dass sie am liebsten im Erdboden versinken möchte?

Sie weiß eigentlich, dass das, was sie zu sagen hat, vielen Menschen helfen kann. Sie ist gut ausgebildet und es mangelt ihr nicht an Ausdrucksfähigkeit. Doch vor einer Menschenmenge scheint dies alles keine Rolle mehr zu spielen.

Maja möchte ihre Berufung ausfüllen, doch sie kann in diesem Punkt einfach nicht über ihren Schatten springen.

Im Gespräch mit einem Coach findet Maja schließlich heraus, dass alles, was ihr wirklich von Herzen wichtig war, damals in ihrer Familie nicht gehört wurde. Wenn sie über Themen sprach, die alle Familienmitglieder interessierten und deren Meinungen wiedergab, fand dies großen Anklang. Doch wenn Maja etwas Neues oder eigene Gedanken mit einbrachte oder ein Thema besprechen wollte, das vorrangig sie selbst interessierte, wendete sich die Familie, eher unbewusst als bösartig gemeint, ab und entzog ihr die Zeit und das Interesse.

Maja verletzte dies sehr, ohne dass sie es hätte zur Sprache bringen können. Somit lernte sie, dass alles, was sie wahrhaft zu sagen hat, mit Desinteresse quittiert wird – also Liebesentzug zur Folge hat.

Diese Erfahrung nahm Maja mit ins Erwachsenenleben. Sie lernte viel und wurde ein Profi auf ihrem Gebiet, doch sie fand bisher nicht den Mut, sich mit ihrem Thema und ihrer Expertise zu zeigen.

In der Zusammenarbeit mit ihrem Coach lernte Maja, wie sie sich selbst Verständnis und Empathie entgegenbringen und sich Zeit dafür nehmen kann, sich dafür zu loben, was sie zu sagen hat. Sie lernt zudem, sich ihren engsten Freunden mehr und intimer mitzuteilen und auch mit ihnen über ihre Sorge zu sprechen, dass diese ihr das Interesse entziehen, wenn sie sich öffnet. Damit macht Maja gute Erfahrungen, sodass sie mit der Zeit neues Selbstvertrauen entwickelt und der Traum der Arbeit als Sprecherin wieder in erreichbare Nähe rückt.

Mit Empathie hat Maja also einen enormen Wachstumsschritt gemacht – sie fing bei sich selbst an, indem sie es sich wert war, einen Coach zu beauftragen, mit dem sie sprechen konnte – und im zweiten Schritt auch neue Erfahrungen mit Menschen zuzulassen.

2. Schuldgefühle: Was ist, wenn ich andere enttäusche?

Sabine befindet sich an einem spannenden Wendepunkt in ihrem Leben: Sie hat endlich entdeckt, was sie für ihre beginnende Berufung hält – ein Studium in Meeresbiologie. Sabine ist voller Leidenschaft für das Meer und seine Organismen und bewegt von der Zerstörung, die es durch uns Menschen immer wieder erfährt. Sie möchte Teil der Lösung sein und sich durch das Studium alles nötige Wissen aneignen, welches als Basis für ihre spätere Arbeit dienen soll.

Parallel dazu hat sie jedoch auch das Angebot bekommen, ein Musikstudium zu beginnen. Sabine ist musikalisch außerordentlich begabt und ihre Familie wünscht sich sehr, dass sie dieses Talent nutzt. Auch sie selbst hat Freude daran. Doch als sie sich einige Wochen lang intensiv damit auseinandersetzt, was sie wirklich tun möchte, kommt Sabine irgendwann zu dem Schluss, dass sie ihrem Herzen folgen muss, wenn sie sich dauerhaft erfüllt fühlen möchte: Wirklich brennend bewegt ist sie vom Meer und seiner Schönheit, seinem Dilemma, seinem Ruf nach Schutz und Wiederherstellung. Das musikalische Talent bringt Sabine Freude, doch diese findet auf einem eher oberflächlichen Niveau statt. Sie hört beständig die Stimmen ihrer Eltern und Freunde, die sie beschwören, ihr Talent zu nutzen, doch ihr Herz ruft sie in eine Richtung, in der ihr Mitgefühl anklingt.

Für diesen Weg ist Sabine auch bereit, bei null zu beginnen. Sie weiß viel über das Meer, doch nichts davon wäre tatsächlich nützlich für eine seriöse Arbeit – daher ist das Studium für sie selbstverständlich.

Musikalisch ist sie durch die Förderung von ihrer Familie gut ausgebildet, hat mehrere Instrumente gelernt, Gesangsunterricht genommen, Auftritte absolviert. Doch nach jedem Konzert stellte sie sich die Frage nach dem Sinn: Ist das alles? Die Menschen waren berührt, doch war ich selbst es? Und waren sie berührt genug, als dass es in ihrem Leben einen nennenswerten Unterschied gemacht hätte? Hat sich dadurch etwas verändert? Fließt nun mehr Liebe, mehr Miteinander, mehr Wesentliches? Wenn es bei mir selbst nicht so ist, wie kann es dann bei meinem Publikum anders sein?

Sabine wird sich darüber bewusst, dass ihr „Wesentliches" mit Beziehung und Verbindung zu tun hat. Verbindung zu etwas Lebendigem. Und so entscheidet sie sich, in Bezug auf ihre Berufung ihrer empathischen Ader zu folgen, anstatt ihrer Begabung.

Ein großer Wachstumsschritt hat außerdem darin stattgefunden, dass Sabine nicht mehr länger ihrer Umgebung gelauscht hat, sondern ihrem eigenen Herzen. Ihre Empathie hat es ihr lange schwer gemacht, ihr eigene Stimme durch all das Gewirr im Außen zu erkennen: Sie nahm deutlich die Gefühle ihrer Eltern wahr, deren ernsthaften Wunsch, ihre Tochter möge erfolgreich und glücklich sein. Sabines Mitgefühl verleitete sie lange Zeit dazu, deren Wunsch mitzubedenken, wenn es um ihre eigene Zukunft ging. Mit ihrer Entscheidung hat dies nun ein Ende – Sabine folgt weiterhin ihrem empathischen Herzen, doch in eigener Sache dorthin, wohin es sie tatsächlich führt.

3. Scham: Was ist, wenn ich mich lächerlich mache?

Alexandra liegt das Thema Sexualität sehr am Herzen. Sie möchte Frauen helfen, zu einem erfüllten Liebesleben zu finden, welches auch das Thema innere Heilung miteinschließt. Doch Alexandra leidet selbst bis dato unter der Scham, ihre eigene Sexualität voll zu bejahen und sich nicht dafür zu schämen. Daher umschifft sie das Thema konstant und lenkt sich von ihrer wahren Leidenschaft und Berufung damit ab, andere, ähnliche Wege zu verfolgen, die sie jedoch immer wieder in einer Sackgasse landen lassen. Viele begonnene, doch nie zu Ende geführte Projekte säumen daher ihren Weg: Eine angefangene Ausbildung als Heilpraktikerin, zwei Semester Literaturstudium, eine Yogaausbildung mit Zertifikat, doch nie genutzt, eine Weiterbildung zur Kursleiterin für Frauenthemen.

Alexandra scheint um ihr heißes Eisen herumzuschwirren und alle möglichen Handwerkszeuge zu sammeln, ohne jedoch auf den Punkt zu kommen. Wozu das alles? Was ist es, das ihr Herz so tief bewegt? Es liegt in ihrer Schamzone und ihre Furcht versperrt ihr den Weg zur Sichtbarkeit in diesem Terrain.

Alexandra steht nun vor der Herausforderung, ihre eigene Scham voll anzuerkennen, sich zuerst sich selbst zu widmen und dann ihr Mitgefühl zuzulassen, welches ihr den Weg dahin zeigen wird, dass auch andere Frauen unter eben dieser Scham leiden und es ihr Herzensthema ist, sie darin zu unterstützen, dieses Thema zu heilen.

Erst, wenn Alexandra ihre eigene Scham überwunden und liebevoll integriert hat, kann ihre Liebe ihr den Weg zeigen. Sie wird aufhören, um ihr Thema herumzuschiffen und die Dinge mutig angehen. Zudem wird sie dann fähig sein, mit ihrer Empathie die Scham der Frauen, mit denen sie zusammenarbeiten möchte, zu fühlen, ohne selbst wieder und wieder an die eigenen Blockaden erinnert zu werden. Sie kann ihre Empathie liebevoll nutzen, anstatt von ihr überrollt zu werden.

> **Inspiration**
>
> Male dir deine Berufung oder den Weg dorthin vor Augen. Welche inneren Blockaden darfst du dir noch genauer ansehen, die dir deinen Weg versperren? Welche Rolle spielt Empathie dabei und wie kannst du sie nutzen, um dir den richtigen Pfad zu ebnen?

Selbstlosigkeit und Empathie

Lieber Empath, lass diesen kleinen Abschnitt tief in deine Seele sinken und dort für nachhaltige Ermutigung sorgen, dich nicht mehr, bestenfalls nie wieder, von dem Gedanken der Selbstlosigkeit knechten zu lassen.

Selbstlosigkeit gilt als Tugend – und wird dabei vor allem immer noch an Frauen als zu erstrebende Eigenschaft herangetragen. Unsere Gesellschaft baut zwar seit einigen Jahren auf ein neues Denken, doch die alten Strukturen sitzen immer noch tief und sollten nicht unterschätzt werden: Es ist noch nicht lange her, dass Frauen hinter den Herd gehörten, ihrem Mann zu gehorchen hatten und ihre einzige Aufgabe es war, mit ihren eigenen Interessen in ihrem Zimmer zu bleiben, anstatt sichtbar zu werden und diese Welt mitzugestalten. Auch, wenn unsere Eltern uns dies nicht so beigebracht haben – sie selbst mögen es noch erlebt haben und daher immer noch unbewusst davon beeinflusst sein. Es ist daher wichtig, das Thema Selbstlosigkeit im Bewusstsein zu tragen und zumindest einmal genauer zu studieren, wie man selbst dazu steht, ohne es bisher vielleicht geahnt zu haben.

Selbstlosigkeit bedeutet, für andere da zu sein und Gutes zu tun, ohne daraus einen eigenen Nutzen zu ziehen. Die eigenen Bedürfnisse und die eigene Persönlichkeit spielen darin keine Rolle. Wer selbstlos ist, so heißt es, ist wahrhaftig liebevoll und nicht von sich selbst eingenommen, er kann andere sehen, die Welt zu einem besseren Ort machen, ist nicht negativ selbstsüchtig. Wer dagegen nicht selbstlos ist, wird oft als Egoist beschimpft – schnell entsteht ein Schwarz-Weiß-Denken, welches Empathen vor eine große Herausforderung stellt: Gerade sie wollen alles andere sein als egoistisch.

Selbstlosigkeit passt zu den natürlichen Charaktereigenschaften der Empathen, sie liegt ihnen im Blut. Ein unbewusster Empath neigt von sich aus dazu, mehr bei anderen zu sein als bei sich. Das Konzept der angestrebten Selbstlosigkeit tritt genau an dieser Stelle dazu an, seine Neigung positiv zu besetzen und ihm damit auch noch eine bewundernswerte Stellung in der Gesellschaft zu verpassen. Da viele unbewusste Empathen jedoch schlecht Grenzen setzen können, wird ihnen oft zu spät bewusst, dass sie ausgebrannt zurückbleiben.

Es ist wichtig, dass du dir Folgendes bewusst machst: Das Konzept der Selbstlosigkeit entspringt angstvollen Herzen, die sich davor fürchten, mit Menschen zu interagieren, die ihren Weg voller Kraft und Eigenverantwortung gehen, einen eigenen Fußabdruck hinterlassen, nein sagen können und damit für ihre Umwelt auch unbequem werden können.

Selbstlosigkeit war unter anderem das Konzept der Zeit, in der Frauen unterdrückt wurden und ihres freien Wesens beraubt eine Rolle spielen mussten, die ihnen zum Gelingen einer patriarchalen Gesellschaft zugedacht worden war. Wenn Selbstlosigkeit als Tugend dargestellt und von den unterdrückten Menschen einer solchen Gesellschaft auch noch aus intrinsischer Motivation heraus angestrebt wurde, blieb der Widerspruch gegenüber den angedachten Strukturen weitestgehend gering und ohne Aussagekraft.

Auch Männer leiden an vielen Stellen unter der Bürde der Selbstlosigkeit: Schnell werden sie als egomanisch dargestellt, wenn sie außerhalb ihrer Arbeit und ihrer Sorge für die Familie noch eigene Interessen verfolgen.

Wir dürfen das Konzept der Selbstlosigkeit verlassen und einander erlauben, eine echte Persönlichkeit in diese Welt zu bringen. Du kannst zutiefst empathisch sein und dennoch deine ganz eigene Lebenslinie verfolgen. Reife Empathie, gerade beim Thema

Berufung, führt dich in eine kraftvolle Ausrichtung und eine lebendige Umsetzung deines Traumes. Sie dient dazu, dass du *willst*, weil du voll deines Selbst bist, nicht, dass du *musst*.

> **Inspiration**
>
> Beobachte dich eine Zeit lang dabei, wie oft und wofür du dich im Alltag entschuldigst. Viele Empathen entschuldigen sich allein schon dafür, dass sie sich im Raum befinden. Mache eine Liste der Dinge, für die du dich entschuldigst oder das Gefühl hast, dich entschuldigen zu müssen.
>
> Schreibe darüber, wo das Gefühl herkommen könnte und welchen Grund dein Unterbewusstsein für die Entschuldigung anbringt.
>
> Anschließend erstelle eine Liste mit mindestens zwanzig Punkten für Dinge, für die du dich ab sofort nicht mehr entschuldigen wirst.
>
> Schreibe darüber, was diese Liste in dir auslöst. Schämst du dich, freust du dich, fühlst du dich peinlich berührt, wirst du ärgerlich (auf wen und warum)?
>
> Entscheide dich, dich für mindestens drei Wochen lang nicht mehr für die Dinge zu entschuldigen, die auf dieser Liste stehen, auch, wenn du einen tiefen Drang danach spürst.
>
> Merke: Hier geht es nicht darum, um Verzeihung zu bitten, wenn du deine Kinder angeschrien hast oder deine Freundin beleidigst. Es geht darum, zu erkennen, an welchen Stellen du dich allein wegen deines Seins entschuldigst oder aus dem Gefühl heraus, anderen zur Last zu fallen, zu stören, zu viel zu sein, nicht zu genügen. Wenn du ehrlich bist, kennst du den Unterschied. Lass dich auf dieses Experiment ein. Es wird deine pure Seinskraft freisetzen und deinen Horizont immens erweitern.

Das geeignete berufliche Umfeld

*„Wenn sich ein Mensch zuversichtlich in die Richtung seines Traumes bewegt
und versucht, das Leben zu leben, das er sich vorgestellt hat,
wird er unvermutet in gewöhnlichen Zeiten ungewöhnliche Erfolge haben."*

Philosoph Henry David Thoreau (1817-1862)

Was ist der Unterschied zwischen Beruf und Berufung?

Ein Beruf kann vollkommen ohne seelische Verbundenheit, Gefühl und Leidenschaft ausgeführt werden. Ein Beruf ist ein von Menschen gemachtes Konzept einer Tätigkeitsbezeichnung, mit der sich Geld verdienen lässt. Zudem braucht es eine von Menschen konzipierte Ausbildung oder ein Studium, um am Ende eine Berufserlaubnis zu erhalten, mit der die Tätigkeit legal ausgeführt werden darf. Somit ist der Beruf ein Kind des menschlichen Wirtschaftskonstruktes.

Eine Berufung hat mit dergleichen nichts gemeinsam. Zwar kann die Berufung im Beruf gelebt werden, doch um sich berufen zu fühlen, braucht es keinen Beruf.

Beide Themen können getrennt voneinander betrachtet werden, solange du nicht planst, mit deiner Berufung einer Erwerbstätigkeit nachzugehen und damit deinen Lebensunterhalt oder anderweitig Geld zu verdienen in einem Land, in dem eine abgeschlossene Ausbildung erforderlich ist.

Die Berufung ist der innere Ruf zu einem Engagement für eine Sache, welche dein Herz tief bewegt und in Brand setzt. Wenn deine Berufung mit Lebewesen zu tun hat, was auch bei technischen oder materiellen Interessen im tieferen Kern meist der Fall ist, werden dir auf die eine oder andere Art in jedem Fall dein Mitgefühl und deine Empathie den Weg gewiesen haben.

Du hast etwas gefunden, was die Welt aus deiner Sicht an einer Stelle braucht und du bist bereit, es zu geben: Eine Begabung, eine Tätigkeit, Erfindungen, Wissen, Glauben, Ermutigung, körperliche, seelische, geistige Hilfe und Unterstützung - ganz allgemein die Mitarbeit an einer Geschichte, die größer ist als du, in der du deinen Platz einnimmst.

Deine Berufung kommt von innen heraus, der Beruf ist ein äußerliches Angebot.

Deine Berufung kann dich zutiefst erfüllen, ein Beruf ist eine Verpflichtung, die du im Außen erfüllst.

Deine Berufung dient in jedem Fall dieser Welt, ein Beruf hält ein bestimmtes System am Laufen.

Deine Berufung ist der Ausdruck deines tiefsten Wesens, dein Beruf ein Ergebnis deiner äußerlichen Mühen.

Ja, beides kann zusammengeführt werden! Doch du kannst auch einem Beruf nachgehen und deine Berufung an anderer Stelle leben. Du entscheidest, wie viel Zeit und andere Ressourcen du für das eine und das andere investierst. Du kannst dein ganzes Leben nach deiner Berufung ausrichten, dich aber auch entscheiden, eine gewisse Phase deines Lebens damit zu verbringen oder eine bestimmte Zeit am Tag, in der Woche, im Monat, im Jahr.

Es gibt keine zu erfüllende Vorgabe zu diesem Thema. Du allein entscheidest, welchen Stellenwert die Berufung in deinem Leben hat, ob du damit Geld verdienen möchtest, ob sie dein Leben vollkommen auf den Kopf stellen darf und innerhalb welcher Grenzen oder Horizonte du sie leben möchtest.

Das ist das Schöne an Berufung: Sie ist grenzenlos. Ein Beruf lässt sich innerhalb der Vorgaben ausführen, die die Gesetze des jeweiligen Landes vorgeben, in dem du ihn ausführst. Eine Berufung hingegen hat in ihrem Wesen keine von Gesetzgebern gemachten Regeln.

Die Berufung folgt allein einigen Richtfragen:

Wem nutzt es?

Aus welcher Motivation heraus tue ich das?

Entspricht es meinem Herzen?

Führt es zu einem positiven Wandel in dieser Welt?

Die Weltanschauung bestimmt deine Berufung mit

Der letzte Punkt des positiven Wandels leitet über zum Thema der Weltanschauung. Jeder Mensch hat eine eigene Vorstellung davon, was dieser Welt dient, was sie ins Positive verändert und wie er damit auch das Thema Berufung definiert.

Unsere Berufung orientiert sich an unseren Werten. Diese wurden durch Einflüsse von außen zeitlebens mit geformt. Unsere Eltern, Freunde, die Kultur, Religion und auch die Vergangenheit unserer Familien entscheiden bis zu einem gewissen Punkt maßgeblich darüber, was für uns eine lebenswerte Berufung bedeutet.

Schon in der Religion unterscheiden sich die Sichtweisen enorm: Extremisten werden eine andere Vorstellung von Berufung haben und davon, was dieser Welt dient, als Gemäßigte. Deren Vorstellung wiederum unterscheidet sich von der Ausrichtung der Menschen, die nicht religiös verwurzelt sind.

Eine Berufung passt immer in ein bestimmtes Weltbild. Sie kann politisch motiviert sein, spiritueller Natur, Mensch, Tier oder Natur im Vordergrund haben – oder sich selbst und den Wunsch nach Anerkennung, beispielsweise durch besondere Verdienste oder Entdeckungen.

Die in diesem Buch vorgeschlagenen Ansätze sind ein weiterer Versuch, Berufung zu definieren – doch ganz ohne eine bestimmte Perspektive und Weltanschauung kommt auch diese Definition nicht aus.

Inspiration

Stelle dir folgende Fragen zu deiner Weltanschauung:
- ⇨ Welche Ideen und Vorstellungen haben dir deine Eltern und nahe Bezugspersonen in Bezug auf ihre Weltanschauung mitgegeben?
- ⇨ Welche Aspekte davon hast du übernommen?
- ⇨ Bist du von diesen Bereichen selbst überzeugt? Würdest du dich heute wieder für diese Sichtweise entscheiden, nach dem, was du bisher gelernt hast?
- ⇨ Hast du den Eindruck, dass dir deine Weltanschauung Kraft, Freude und Inspiration verleiht? Fühlst du dich in deiner Perspektive zu Hause?
- ⇨ Gibt es Teile deiner Weltanschauung, die mit Ängsten, Befürchtungen und Exklusivität belegt sind, die Trennung verursacht? Fühlst du dich darin gefangen und wünschst dir Veränderung?
- ⇨ Wie gestaltet sich der Bezug zwischen deiner Berufung und deiner Weltanschauung? Wäre deine Berufung immer noch dieselbe, wenn sich deine Perspektive ändern würde?

> ⇨ Fühlst du dich innerlich frei, dich in deiner Sichtweise zu verändern und zu entwickeln? Welchen Horizont siehst du, wie frei fühlst du dich?
> ⇨ Welche andere Weltanschauung interessiert dich, die du gerne intensiver studieren und kennenlernen möchtest?
> ⇨ Welche Länder könntest du bereisen, Menschengruppen besuchen, Bücher lesen, Themen studieren, die etwas in dir auslösen?
>
> *Öffne dich immer wieder für andere Weltanschauungen, selbst, wenn du dich in deiner eigenen wohl und komfortabel fühlst. Tue dies ein Leben lang. Es wird deiner Berufung die nötige Würze geben und deinen Geist am Leben erhalten.*

Andere Welten entdecken

Dieses Kapitel stellt dir einen weiteren Inspirationskasten zur Verfügung, angelehnt an den vorherigen. Hiermit kannst du dir einen Plan erarbeiten, wie du deinen Geist in der kommenden Zeit mit Neuem in Verbindung bringen kannst, was deiner Berufung dient.

Inspiration		
Ich interessiere mich für: ⇨ Länder ⇨ Kulturen ⇨ Religionen ⇨ Vorbilder	Meine Berufung hat damit zu tun: ⇨ so möchte ich mich engagieren ⇨ mit diesen Menschen möchte ich zusammenarbeiten	Ich möchte in den kommenden 12 Monaten: ⇨ etwas loslassen, um etwas anderes in mein Leben zu lassen

- ⇨ Technologien
- ⇨ Ausbildungen
- ⇨ unterschiedliche Lebensumstände aufgrund äußerlicher Gegebenheiten
- ⇨ Medien
- ⇨ …

- ⇨ von diesen Menschen möchte ich lernen
- ⇨ dies ist meine Zielgruppe
- ⇨ hier möchte ich mich weiterbilden
- ⇨ dies spiegelt meine Leidenschaft
- ⇨ …

- ⇨ einen anderen Ort bereisen
- ⇨ mein Wissen vertiefen
- ⇨ mit diesen Menschen in Kontakt treten
- ⇨ meine Komfortzone verlassen, indem …
- ⇨ diese Themen in mir genauer betrachten
- ⇨ …

Gemeinsame Werte im beruflichen Umfeld

Das berufliche Umfeld wandelt sich stark. Immer mehr Firmen werden gewahr, dass sie der Seele des Menschen gerecht werden müssen, um die Qualität der Arbeitsergebnisse weiterhin auf einem hohen Niveau zu halten. Die Sehnsucht des Menschen nach einem Leben mit Sinn und einer Arbeit, die ihnen guttut, steigt unaufhörlich. Geld allein als Anreiz reicht nicht mehr aus. Langsam, doch stetig begreifen wir, dass das unendliche Wachstum uns nicht glücklich macht.

Was uns dagegen wirklich erfüllt, ist eine Aufgabe, die zu uns passt - in einem Umfeld, das zu uns passt.

Zu diesem Umfeld gehören Menschen, die unsere Werte teilen. Werte sind die Tugenden, die uns wichtig sind und die die Basis für unsere gelingenden Beziehungen bilden. Wenn Menschen gemeinsame Werte teilen und sich als eine Art Richtungsweisung nach ihnen ausrichten, erreichen sie ihr Ziel schneller, effektiver und vor allem harmonischer. Gemeinsame Werte bilden eine stabile Basis für ein Arbeitsklima, welches im Beruf/der Berufung langfristig für gesunde Umstände sorgt.

Zudem ist es wichtig, dass die Menschen, die diese Werte teilen, vor allem auch gewillt sind, dass andere diese leben. Persönliche Vorteile oder anderweitige Ausreden verführen sie nicht dazu, den gemeinsamen Weg zu verlassen.

Eine Organisation, die auf gemeinsame Werte ausgerichtet ist, ist langlebig und beständig. Für Außenstehende ist leicht zu erkennen, worum es geht, welches Ziel verfolgt wird, welches charakterliche Profil die Gemeinschaft trägt und inwieweit die gemeinsam gewählte Berufung/Ausrichtung beseelt ist. Dient sie einem größeren Ganzen? Steckt mehr dahinter als wirtschaftlicher Erfolg? Hat sich diese Gruppierung verpflichtet, etwas auf diese Welt zu bringen, das auch im ideellen Sinne Bestand hat?

Wenn du dich auf die Suche nach einer neuen Arbeitsstelle, einem neuen Wirkungskreis machst, ist die Begutachtung gemeinsamer Werte einer der wichtigsten Kriterien für deine Wahl.

Um die gemeinsamen Werte im Arbeitsumfeld zu erörtern, ist es zunächst wichtig, dass du dir deine eigenen Werte bewusst machst. Wenn möglich, trenne dabei nicht in „Arbeit" und „privat". Deine echten Werte machen deinen Charakter mit aus, den du überall mit hinträgst. Wenn du auch in deinem beruflichen Umfeld bzw. in deiner Berufung mit ganzem Herzen dabei sein möchtest, gehe als vollständiger Mensch in diesen Prozess, lass keine wichtigen Wertevorstellungen zu Hause hinter der Wohnungstür, bis du abends nach Hause kommst. Wenn du eine Trennung vornimmst, wird das Unglück entweder im Arbeits- oder im Privatleben seinen Lauf nehmen, je nachdem, wo du deinen wahren Werten eher folgen kannst.

Hier findest du eine Liste mit Werten, die auch mit deiner empathischen Begabung einhergehen könnten. Wenn du möchtest, kreise diejenigen ein, die dich ansprechen oder erstelle eine eigene Liste.

Integrität, Feinfühligkeit, Sanftmut, Offenheit, Authentizität, Anerkennung, Selbstbestimmtheit, Teamgeist, Kreativität, Dankbarkeit, Vermittlungsfähigkeit, Motivation, Weitsicht, Mitgefühl, Nachhaltigkeit, Optimismus, Zuneigung, Zuverlässigkeit, Wohlwollen, Rücksichtnahme, Ruhe.

Wenn du auf der Suche nach einer neuen Arbeitsstelle oder einem anderweitigen Wirkungskreis bist, ist es ratsam, nicht danach zu suchen, was noch übrig oder zum derzeitigen Punkt für dich erreichbar scheint, sondern was du wirklich möchtest. Nur, wenn du dir darüber im Klaren bist, was für dich ideal wäre, kannst du damit in Resonanz gehen und fündig werden. Entscheide dich, keine Kompromisse zu machen, sondern dich genau dort zu positionieren, wo das Umfeld deine Begabungen, Werte und Sichtweisen wertschätzt und nutzen kann. Alles andere ist verschwendete Zeit und Energie.

Wenn du deinen Werten folgst, erschaffst du dir ein gesundes und fruchtbares Umfeld, denn sie liegen nie falsch in ihren Hinweisen auf das, was dir guttut.

Hab den Mut, alle Angebote auszusortieren, die nicht deinen Werten entsprechen. Wenn du eine Arbeit suchst, mache dir bewusst, dass du ein Geschenk bist und deine Begabungen auch deinem zukünftigen Wirkungskreis dienen. Begib dich daher mit folgenden Fragen auf die Suche:

> ➢ Was erreicht diese Firma/Gruppe in Bezug auf meine Berufung und meine Leidenschaft? Wo stimmen wir überein?

> Welche Werte scheint diese/r Organisation/Arbeitgeber zu vertreten? Wie kann ich mich davon überzeugen, ob ich in meiner Wahrnehmung richtig liege?
> Gibt es die Möglichkeit, die Atmosphäre innerhalb des Teams genauer unter die Lupe zu nehmen und persönlich zu erleben?
> Muss ich mich verstellen, wenn ich in Kontakt gehe?
> Neige ich dazu, Teile von mir zu verstecken, zu verharmlosen oder gar zu verleugnen, um besser ins Bild zu passen?
> Habe ich den Eindruck, dass genau jemand wie ich dort gebraucht wird?
> Ist das Thema der Werte auf der Arbeitsstelle präsent und wird es regelmäßig beleuchtet?
> Wie erkenne ich, dass die Menschen, mit denen ich arbeite, meine Werte teilen?
> Was kann ich tun, wenn ich andere Werte habe als die Menschen um mich herum?
> Wie kann meine Gabe der Empathie den gemeinsamen Wertekodex unterstützen?

Wichtig für Empathen – die äußeren Gegebenheiten

Zeitmanagement

Überprüfe deinen neuen Wirkungsbereich auf die zeitliche Strukturierung. Ist es möglich, dass du deinen Tag nach deinen Bedürfnissen planen kannst? Sind die Arbeitszeiten so eingeplant, dass es dir damit gutgeht und du auf lange Sicht damit nicht deine Grenzen überschreitest?

Hast du genügend Raum und Zeit für dich, um aufzutanken und dich zu erholen?

Als Empath bist du vielleicht versucht, all deine Kraft und Zeit in deine Berufung zu stecken, eben weil es so viel Freude macht und dir auch Energie schenkt – doch vergiss nicht, wie wichtig es ist, dass du Zeiträume einbaust, in denen du einfach die Seele baumeln lassen kannst, vollkommen ohne Verpflichtungen, Aufgaben und Termine.

Insbesondere dann, wenn deine Berufung/dein Beruf sich für das Wohl anderer Menschen einsetzt und du dahingehend mit berührenden Schicksalen konfrontiert wirst, ist regelmäßige Ruhezeit unerlässlich. Erhole dich, konzentriere dich auf deine Seele und dein Innenleben, frage dich regelmäßig: Wie geht es mir? Was brauche ich heute?

→ Wähle deinen Beruf so, dass du genug Zeit für dich selbst hast

Hierarchien

Entsprechen die hierarchischen oder freien Strukturen deinen Wertvorstellungen? Hast du Vorgesetzte, denen du gerne folgst? Wird deine Stimme gehört? Bist du eine Vorgesetzte, die ihre Mitarbeiter hört und ernst nimmt? Gibt es vielleicht gar keine Hierarchie, sondern eine andere Art der Zusammenarbeit? Wie organisiert ihr euch untereinander?

Vielleicht arbeitest du auch noch allein, weil du gerade erst ein Business gegründet hast. Was wünschst du dir zukünftig? Wie möchtest du mit anderen Menschen zusammenarbeiten? Was wäre deine ideale Vorstellung von einer Struktur, die zu der jeweiligen Berufung passt und diese auch nach außen hin deutlich zeigt?

→ Wähle deinen Beruf so, dass die zwischenmenschliche Organisation deinen Werten entspricht

Umgangston

Die Art, wie Menschen miteinander kommunizieren, zeigt deutlicher als alles andere, welche Werte sie sich gemeinsam auf die Fahne geschrieben haben. Hier kannst du deutlich erkennen, ob gelebt wird, was gesagt wird.

Gerade in Konflikten, die überall da auftauchen, wo es menschelt, ist der Umgangston das Aushängeschild für die gemeinsame Ausrichtung. Geht ihr respektvoll miteinander um? Hört ihr einander zu? Arbeitet ihr konstruktiv an Lösungen? Nehmt ihr euch Zeit für die Konfliktsituation?

Du als Empath spielst hier eine große Rolle – ganz gleich, ob du dich offen damit auseinandersetzt oder still beiwohnst. Du nimmst die offensichtlichen und versteckten Stimmungen auf und musst dich damit befassen, selbst, wenn es nur darum geht, dich abzugrenzen oder zu verarbeiten, was in dir dadurch an die Oberfläche geschwemmt wird.

Achte daher besonders auf den Umgangston, denn er bestimmt maßgeblich dein Wohlbefinden und auch die Möglichkeit, deine empathische Begabung mit einfließen zu lassen. Nur, wenn dir gegenüber Respekt und Anerkennung gezeigt wird, ist dieser Anteil in dir auch willkommen. Er wird willkommen sein, wenn den Menschen, mit denen du arbeitest, der Umgangston genauso wichtig ist, wie dir.

→ Wähle deinen Beruf so, dass du dich im gemeinsamen Umgangston wohl und sicher fühlst

Und wenn meine Berufung und mein Beruf getrennt sind?

Beruf und Berufung – ein Spannungsfeld. Zum Verdienen der täglichen Brötchen brauchen wir Zeit und nicht immer gibt die Berufung die Finanzen her, die nötig sind, um die Grundbasis der Versorgung sicherzustellen. Was also tun, wenn du voll in deine

Berufung einsteigen möchtest, aber deinen Beruf noch nicht verlassen kannst oder möchtest? Was ist, wenn dein Beruf so gar nicht deiner Vorstellung von einem erfüllten Leben entspricht?

Hier ist vor allem Ermutigung gefragt.

1. Erlaube dir, deinen Weg zu verändern!

Ausbildungen, Weiterbildungen, berufliche Veränderungen jeglicher Art können dich aus dem inneren Schlamassel ziehen, wenn deine Wünsche so weit entfernt von der Wirklichkeit sind. Der Beruf mag dir eine wichtige finanzielle Stütze sein, doch eine unbefriedigende Tätigkeit ist den Preis nicht wert.

2. Werde kreativ mit Ideen, wie du deinen Beruf mit deiner Berufung verbinden kannst!

Vielleicht ist dein Beruf an sich einem anderen Thema zuzuordnen als deiner Leidenschaft und deinem persönlichen Weg, doch vielleicht kannst du eine bestimmte Begabung, die du in deiner Berufung auslebst oder zukünftig ausleben möchtest, jetzt schon nutzen. Biete einen Workshop an, rufe einen neuen Zweig auf der Arbeit ins Leben, der sich mit Kommunikation, Empathie oder einem anderen deiner Interessenspunkte befasst, schließe Freundschaften auf der Arbeit, die deine Seele befruchten, dekoriere deinen Schreibtisch um, höre Podcasts, übe eine gesunde innere Haltung, kurz, bringe nach außen, was in deinem Inneren lebendig ist! Übe, dich selbst mit auf die Arbeit zu nehmen, du besetzt schließlich diese Arbeitsstelle!

Vielleicht regt sich an diesem Punkt Widerstand in dir: Ich betätige nur einen einfachen Hebel, was sollte ich daran groß verändern können? Die Kollegen behandeln mich wie Luft, wie sollte ich da Freundschaften schließen? Ich habe mich damals einfach getäuscht, mein Beruf macht mich krank, wie soll ich da eine gesunde Haltung pflegen?

Bedenke, dass du dein Leben erschaffst. Alles, was dir widerfährt, ist eine Folge dessen, was du über dich und dein Leben glaubst. Du kannst die Situation verändern oder ihr ein Ende bereiten – wenn vielleicht auch nicht sofort, weil du Geld für die Miete verdienen musst. Doch du kannst zum Beispiel damit beginnen, innerlich den Ausstieg oder die Veränderung zu planen. Starte in dir damit, eine Vision für deine Zukunft zu entwickeln, noch während im Außen alles im Chaos versinkt.

3. Überdenke deine Lebensumstände und deine Prioritäten liebevoll

Dein Weg folgt keiner äußeren Agenda. Du selbst hast das Recht, zu entscheiden, wie Beruf und Berufung in deinem Leben zusammenkommen. Wichtig ist nur, dass du dir über deine Entscheidungen bewusst bist. Vielleicht weißt du auch, dass du noch eine gewisse Zeit lang arbeiten möchtest, bevor du das Konzept Beruf verlässt und deine Berufung anstrebst. Vielleicht möchtest du deine Berufung zum Beruf machen und suchst noch nach der passenden Form. Vielleicht bist du damit einverstanden, dass deine Berufung weniger Zeit in Anspruch nimmt, als dein Beruf es tut. Es gibt kein Richtig und Falsch in dieser Angelegenheit. Niemand kann für dich entscheiden, was dir Berufung bedeutet.

Wenn du möchtest, lege ein Visionsheft an und schreibe darin immer wieder über das, was du dir wünschst und wie es zu realisieren wäre. Lass dir Zeit, überfordere dich nicht. Geh die Schritte, wenn du spürst, dass sie dran sind. Doch zwinge dich nicht zu einer Umsetzung eines Planes, der nur dem Zweck dient, dir selbst sagen zu können, dass du endlich erfolgreich deine Berufung lebst.

Wichtig ist, dass dir dein Weg in deine Berufung auch Freude macht.

Berufung ist etwas, das wächst. Mit Zeit, Liebe und Geduld wird dich dein Herz an den richtigen Stellen leiten.

Der Weg zu deiner Berufung: kreative und praktische Hilfestellung

"Jeder von uns trägt eine Art Urlebensaufgabe in sich wie einen seelischen Fingerabdruck.

Wir fühlen uns dann eins mit uns, wenn wir diese Lebensaufgabe leben, und nicht, weil wir uns irgendwelche Wünsche manifestieren. Doch unsere Wünsche bringen uns oft auf den Weg zu unserer Lebensaufgabe. Sie sind wie Wegweiser."

Eva Maria Zurhorst

Nach dieser kleinen Reise in dein Herz, deine Vergangenheit, deine Haltung und Motivation folgt nun die Praxis auf dem Weg in deine Berufung – mit einer bunten Sammlung aus Inspiration, kreativen Ideen und praktischer Anleitung.

Erste Schritte zur praktischen Umsetzung deiner Träume und Ideen – innere Haltung

1. Erstelle eine Liste deiner persönlichen Vorzüge

Deine persönlichen Vorzüge sind die Charaktereigenschaften, Gewohnheiten und Haltungen, die du mitbringst, um gesunde Beziehungen zu fördern, deine Ziele zu erreichen und einen positiven Beitrag in deiner Welt zu leisten. Sie tragen dazu bei, dass sich dein Leben in die Richtung entwickelt, die du dir wünschst.

Diese gesunden Eigenschaften entspringen deiner Verbundenheit mit deinem Herzen. Deine Verletzungen und alter Schmerz sind in diesen Bereichen nicht aktiv oder bereits geheilt und du kannst aus deiner Kraft schöpfen. Wenn du mit der Liebe in deinem Herzen verbunden bist, kannst du eine positive, hoffnungsvolle Zukunft sehen.

Du hast in der Hand, zu entscheiden, in welche Richtung du deinen Fokus lenkst: Bist du auf deine mangelhaften Charakteranteile ausgerichtet, die immer wieder dieselben negativen Erfahrungen in deinem Leben reproduzieren? Oder richtest du dein Augenmerk auf die Eigenschaften, die zum Erfolg führen?

Wenn du dich darauf konzentrierst, was dich weiterbringt, wirst du sowohl deine Stimmung verändern, als auch hoffnungsvoll und zielgerichtet deine Pläne umsetzen können.

Beispiele für positive Eigenschaften: zielgerichtet, fokussiert, freundlich, wohlwollend, vergebungsbereit, leidenschaftlich, hingebungsvoll, fröhlich, empathisch.

Merke: Deine „mangelhaften" Charaktereigenschaften sind nichts, was von heute auf morgen verschwinden sollte. Auch diese Bereiche sind Teil deiner Persönlichkeit und du kannst sie verändern, wenn du möchtest, doch du bist mit all dem immer gleich liebenswert. Es geht einzig und allein darum, diesen Anteilen nicht zu erlauben, dein Leben immerfort in eine Richtung zu beeinflussen, die Leid und Unglück reproduziert. Der Fokus auf das, was dich stärkt, bringt mehr von dem, was dich stärkt. So kann durch positive Erfahrung auch vieles heilen.

2. Mache dir die Charakteranteile und Verhaltensweisen bewusst, die dich zurückhalten

Es ist wichtig, dass du dir bewusst und greifbar machst, welche alten Muster dir noch den Weg zu deiner Berufung versperren. Bedenke, dass du nicht in Panik verfallen oder die Hoffnung verlieren musst. Es geht lediglich darum, nicht mehr zuzulassen, dass diese Anteile ungehindert und vor allem unbewusst in deinem Leben ihr Unwesen treiben. Fünfundneunzig Prozent dessen, was dein Ich ausmacht, sind unbewusst. Daher ist es umso wichtiger, dass du alles nutzt, was in deiner Macht steht, um zu greifen, was zu greifen ist. So weißt du, worauf du im Alltag achten kannst, um die sich immer wiederholenden Erlebnisschleifen zu stoppen.

Übe regelmäßig, innezuhalten, wenn du dich in Situationen wiederfindest, in denen du Gefahr läufst, deine unbewussten Muster aus der alten Verletzung abzuspielen. Wenn du dich angegriffen, verletzt, beleidigt oder anderweitig nicht gesehen und geliebt fühlst, tendierst du ohne diese kleine Pause dazu, einfach zu reagieren und damit die gewohnten Erfahrungen zu wiederholen: Kampf, Totstellen, Flucht. Diese Reaktionsmuster basieren auf den Bereichen deiner Persönlichkeit, die sich durch dauernde Wiederholung als Charaktereigenschaften etabliert haben – du bist bereits darüber identifiziert.

Beispiele für negative Eigenschaften: stur, bockig, uneinsichtig, kritikunfähig, nachlässig, eigenbrötlerisch, verbissen.

Atme also tief durch und mache dir bewusst, was gerade, hervorgerufen durch eine äußere Situation, in dir abläuft. Denke kurz daran, wie du dich in einem solchen Moment bisher verhalten hast und entscheide dich, nun anders zu agieren. Wenn du nicht weißt, wie du ein neues Muster etablieren sollst, ist es oft auch hilfreich, einen stillen, freien Raum zu schaffen und einen Moment lang einfach gar nichts zu tun. So gibst du der äußeren Situation und dir selbst Raum, euch zu entspannen und vielleicht mit mehr Einsicht einen anderen Weg zu gehen.

Diese Veränderungen sind dringend nötig, um deinen Kurs in Richtung Berufung zu lenken. Sie helfen dir, deinen bisherigen Weg zu verlassen und dich auf dein Ziel auszurichten. Erst, wenn du Dinge grundlegend veränderst, hat dein Leben eine Chance, sich mitzuverändern. Dein Charakter und dein Wesen spielen darin die maßgebliche Rolle.

3. Schreibe eine Art Tagebucheintrag, in dem du reflektierst, worum es dir in deiner Berufung eigentlich geht

Ziel ist es, deine wahre Intention herauszufiltern. Diese muss nicht bewertet werden, sondern soll dir bewusst machen, was dich im Kern antreibt. Deine wahre Intention ist der rote Faden, der sich still und heimlich durch all deine Träume, Pläne und Verhaltensweisen zieht. Im Leben geht es nicht darum, nach dem „Warum?" zu fragen. Die wahre Frage lautet: „Wozu?" Wozu möchtest du dieses oder jenes erreichen? Was ist die wahre Motivation hinter all deinen Träumen? Entspringt diese Motivation einem offenen, liebenden Herzen? Versuchst du, etwas zu kompensieren oder einem unerträglichen Zustand ein Ende zu bereiten? Möchtest du größer sein als jetzt, dich wertvoll und geliebt fühlen, endlich anerkannt sein? Oder treibt dich die Liebe, zu dir selbst und zu anderen, dein Potential auszuschöpfen und dich an diese Welt zu verschenken?

Es gibt in diesem Sinne keine „falsche" Intention. Alles, was uns antreibt, hat letztlich die Aufgabe, uns zu heilen. Trotzdem ist es gut, auch eigennützige Motivationen zu erkennen und sich ihrer bewusst zu machen, um sie konstruktiv nutzen zu können. Wenn du einen Krug mit Wasser füllst, der an seiner Öffnung verstopft ist, wird das, was du zu geben hast, nie ganz fließen können. Dann kann keine Fülle und somit kein Überfluss entstehen, der deine Außenwelt nährt – du bist beständig damit beschäftigt, etwas für dich zurückzuhalten. Erkennst du jedoch geheime Wünsche hinter deiner Berufung und kannst sie miteinbeziehen, lässt sich die Verstopfung lösen, ohne dass dir am Ende etwas fehlt.

Wenn du dir nicht sicher bist, wie du deine tiefe Intention herausfiltern kannst, stelle dir ein Kind vor, welches seinen Eltern gegenüber zeigen möchte, was es kann und gelernt hat. Es gibt zwei Möglichkeiten, wie eine solche Situation wirken kann:

1) Das Kind rennt seinen Eltern in die Arme, stolz und aufgeregt, beharrt überschwänglich auf Aufmerksamkeit und präsentiert dann überglücklich seine neu erworbene Fähigkeit. Es ist sich sicher, dass die Eltern sich mit ihm freuen und gemeinsam mit dem Kind sein Erleben genießen.

Das Kind hat aus eigenem Interesse und daher aus intrinsischer Motivation heraus etwas geschaffen und möchte die Freude darüber mit den Menschen teilen, die es liebt und bei denen es sich sicher fühlt.

2) Das Kind ist angespannt und hoffend, macht sich klein und erbittet die Aufmerksamkeit seiner Eltern. Es hat eine neue Fertigkeit erlernt und etwas erschaffen, um sich damit die Liebe seiner Eltern zu erarbeiten. Die Motivation hinter der neu gewonnenen Fertigkeit war die Hoffnung auf Hinwendung und Liebe. Möglicherweise hat das Kind sogar etwas ausgewählt, von dem es weiß, dass die Eltern es mögen. Ob es selbst daran interessiert ist, spielte keine Rolle.

Beide Male hat das Kind eine neue Fertigkeit erlernt oder etwas zustande gebracht. Doch bei dem ersten Beispiel ist die Grundlage eine erfüllte, sichere Bindung zu seinen Bezugspersonen, die es ihm möglich macht, von dort aus freudig die Welt und das eigene Wesen zu entdecken und sich zu entwickeln.

Im zweiten Beispiel ist sich das Kind seines Wertes und seiner Bedeutung für die geliebten Menschen nicht sicher. Es versucht, seine Welt zu retten und sich in Sicherheit zu begeben, indem es sich für die Eltern passend macht. Das Kind ist in diesem Falle nicht frei, sich freudig zu entwickeln und zu entfalten. Ändert sich seine Situation nicht und es erfährt nicht die Liebe seiner Bezugspersonen unabhängig von seinem Handeln, wird es auch in Zukunft als Erwachsener immer wieder Dinge tun, um sich Liebe und Anerkennung zu erarbeiten.

Wenn eine vermeintliche Berufung auf dieser inneren Basis erbaut wird, führt sie nicht in Glück, Wohlstand und Freiheit, sondern in innere Verzweiflung und Gefangenschaft. Eins ist vorprogrammiert: Es wird nie genug sein. Selbst, wenn kurzzeitig das Ziel erreicht scheint und Aufmerksamkeit, Zuneigung und „Liebe" aufgrund der gelebten Berufung erfahren werden, ist sich der Mensch doch tief in seiner Seele darüber bewusst, dass diese Hinwendung zu seiner Person einzig auf seinem Handeln, seinem Erfolg beruht und nicht bedingungslos um seiner selbst willen geschenkt ist.

Wahre Liebe ist einzigartig. Wir Menschen spüren den Unterschied zu erkauften Gefühlen untrüglich und werden davon nicht erfüllt, wie sehr wir uns auch bemühen. Fakt ist, je mehr wir uns bemühen müssen, umso schlimmer wird der innere Teufelskreis.

Mache dir daher deine wahre Intention bewusst, sie wird über dein Glück oder Unglück in Zukunft entscheiden, wenn deine Träume in Erfüllung gegangen sind.

4. Reflektiere die Unterschiede zwischen dem Verhalten und der Ausstrahlung deiner Vorbilder und der deinen

Deine innere Haltung zusammen mit deinen Gewohnheiten ergeben deine Zukunft. Zudem braucht es unbedingt Klarheit über deine Ziele.

Menschen, die in ihrem Leben bereits da angekommen sind, wohin du noch auf dem Weg bist, wussten zumeist genau über ihr Ziel Bescheid. Sie haben ein klares Ja zu dem gefunden, was ihr Herz ihnen sagt. Ein Nein zu allem anderen fällt ihnen daher nicht schwer. Sie legen Gewohnheiten an den Tag, die ihr Ziel unterstützt haben. Sie träumen nicht nur, sondern handeln. Zudem sind sie sich innerlich sicher, dass sie am richtigen Platz sind.

Es zeugt von Klugheit und Reife, wenn du bereit bist, von den Menschen zu lernen, die dir ein Vorbild in Sachen Berufung sind. Entscheide weise, nach welchem Vorbild du dich richtest und mache dir zusätzlich immer wieder bewusst, dass du nicht diese Person bist und eine ganz eigene Geschichte hast – doch die Haltung,

Gewohnheiten und Ausrichtungen dieser Menschen können dir enorm viel beibringen.

Es mag auch Menschen geben, die einen (von außen betrachtet) beeindruckenden Weg eingeschlagen haben, nachdem ihnen die Grundlagen dafür einfach in den Schoß gefallen sind - vielleicht durch erfolgreiche Eltern, ein Erbe oder anderweitige „Vorarbeit".

Lass dich durch solche Oberflächlichkeiten nicht blenden. Zum einen ist auch hier wieder der wichtigste Punkt: Du möchtest, dass dich deine Berufung erfüllt. Erfolg allein wird dazu nicht beitragen. Wenn du also neidisch bist, weil jemand anderes es scheinbar leichter hatte oder nicht so sehr an sich arbeiten muss, um sein Ziel zu erreichen, erinnere dich daran, dass dieser Mensch nicht automatisch auch glücklich und erfüllt ist. Berufung ist immer eine Herzenssache. Ist dein offenes, leidenschaftlich liebendes Herz nicht an Bord, bringt dir kein Erfolg dieser Welt auch nur ein Quäntchen echtes Glück.

5. Erschließe deine Ressourcen

Praktisch beginnt die Umsetzung deiner Ziele darin, zu erforschen, an welchem Punkt du dich aktuell befindest. Welche persönlichen Fähigkeiten stehen dir zur Verfügung, welche Menschen befinden sich in deinem Leben, die deinen Traum unterstützen, welche Orte sind von Bedeutung und wie sieht deine Alltagsroutine aus? Bist du auf dem richtigen Kurs? Welche Fähigkeiten oder Interessen liegen vielleicht gerade brach, die du wieder neu ins Leben rufen kannst? Wie steht es um deine Intuition, dein seelisches Wohlbefinden, deine engsten Beziehungen? Unterstützen sie deinen Weg?

Ressourcen sind all jene Lebensumstände, die dir in unterschiedlichster Form Energie zuführen. Alles, was dich schwächt und Energie von dir nimmt, gehört nicht zu deinen Ressourcen. Somit kannst du dein Leben in allen Bereichen beleuchten und reflektieren, ob dich die aktuelle Situation in eine kraftvolle Richtung bringt.

Energieziehende Gewohnheiten dürfen an dieser Stelle übrigens das Feld räumen. Die Zeit, die dir zur Verfügung steht, wird nicht mehr, die Sonne geht auf und wieder unter. Wenn du deine

Ressourcen verstärken und vermehren willst, ist es wichtig, Raum dafür zu schaffen.

Behindernde Gewohnheiten können sein (wohlgemerkt Gewohnheiten, es spricht nichts gegen gelegentliche Ausübung):

Häufiges Fernsehen, viel Zeit am Handy und in sozialen Medien verbringen, Musik hören, die deine Stimmung herunterzieht (Melancholie, schlechte Laune), oft mit anderen über Dinge sprechen, die dir nicht gefallen und die du nicht möchtest, zu viele Termine im Kalender, beständiges unterwegs sein, zu wenig aufbauende Kontakte pflegen.

Hilfreiche Ressourcen können sein:

Meditation, regelmäßiges Tagebuch schreiben, körperliche Betätigung, intensive, tiefgehende, empathische Gespräche, ermutigende Podcasts, Talks, Bücher und Musik konsumieren, einen Tag- Nacht-Rhythmus finden, der zu dir passt. Aber auch deine positiven inneren Charaktereigenschaften sind eine wertvolle Ressource, mit der du deine Berufung auf die Spur bringen kannst. Nutze z. B. deine Vorstellungskraft dafür, eine Vision für deine Zukunft zu entwickeln. Nutze Empathie, um dich mit anderen Menschen zu verbinden und um zu erkennen, ob sie zu dir passen. Nutze Geduld, um nicht aufzugeben und Ruhe, um entspannt zu bleiben. Worin auch immer du begabt bist, nutze es für seelisches Gleichgewicht und dafür, die Dinge so zu erschaffen, wie du sie wirklich und von ganzem Herzen haben möchtest.

→ Siehe hier auch die folgende Inspirationsbox für neue Gewohnheiten

Weitere Ressourcen sind zudem: Geld, Zeit, Gesundheit, Beziehungen. Erstelle einen genauen Plan, was du bereits hast und wozu du es nutzen kannst – und wovon du mehr benötigst.

Ressourcen können auch getauscht werden: Wenn du dich mit anderen Menschen zusammentust, könnt ihr gemeinsam viel mehr erreichen.

6. Nimm dir jeden Tag Zeit für dein Innenleben

Dieser Punkt ist einer der bedeutsamsten Bausteine auf deinem Weg in deine Berufung. Du brauchst Zeit für dich und mit dir selbst.

Die Beziehung zu dir selbst ist die wertvollste und wichtigste in deinem Leben.

Wie wünschst du dir, Zeit mit einem geliebten Menschen zu verbringen? Wie viel möge es am liebsten sein, was ist deine Idealvorstellung von einer liebevollen, innigen, vertrauensvollen Verbindung?

All das möchte in dir selbst und zu dir selbst entwickelt sein. Die Zeit mit deinem Herzen ist die ultimative Kraftquelle für ein erfülltes Leben und eine kraftvolle Berufung, die einen echten Unterschied macht. Wie die Zeit mit dir allein aussieht, kann dir niemand vorschreiben. Wenn du es als deine Berufung ansiehst, Geflüchtete im Mittelmeer zu retten, ist es vielleicht nicht möglich, jeden Morgen zwei Stunden allein in deiner Kajüte zu sitzen. Wenn du beim Stillsitzen total nervös wirst und keinerlei Genuss an bewegungsloser Meditation findest, läufst du vielleicht lieber eine Stunde lang durch den Wald. Wenn dir dein Zimmer nur zum Schlafen dient und du ansonsten lieber unterwegs bist, fühlst du dich vielleicht am innigsten in der Natur mit dir verbunden.

Was auch immer es ist, das dich näher zu dir bringt, setze es um! Bedenke dabei, dass es weniger ums Tun geht, sondern um das Sein mit dir. Sei präsent, sei da, beobachte, was in dir vor sich geht. Nutze deine Empathie: Stelle dir vor, du erzählst dir selbst etwas, das dir auf dem Herzen liegt. Gehe mit derselben Aufmerksamkeit und wohlwollender Zuwendung in diese Zeit hinein, die du auch einem anderen geliebten Menschen schenken würdest, wenn er dir sein Herz ausschüttet. Lass zudem nicht zu, dass dich etwas stört. Du bist verplant, auch, wenn du nur regungslos auf dem Sofa sitzt. Dies ist deine heilige Zeit, deine Kraftquelle. Hüte und schütze diese Zeit und schirme dich nach außen ab – du bist es dir wert.

7. Finde ein liebevolles, aber klares Nein zu Menschen und Umständen, die dir nicht dienen

Einen solchen Hausputz machen wir oft zu Beginn eines neuen Jahres. Du kannst und solltest ihn regelmäßig praktizieren, wenn du dein Lebenshaus frei von Energien halten möchtest, die dir die Sicht vernebeln, dich krank machen oder dich von deinem Ziel abbringen.

Die Quelle aller Entscheidungen zu einem Nein ist immer die Liebe. Erkennst du, dass ein Mensch, dir nicht mehr guttut, weil du dich dauerhaft geschwächt fühlst, sich einer von euch beiden verändert hat und ihr nicht mehr zusammenpasst, er eine negative Grundeinstellung gegenüber dem Leben hat oder dich regelmäßig und dauerhaft verkennt und lieblos kritisiert, so setze dein Ja zu dir selbst und deinem Wohlergehen und lass damit diesen Menschen los.

Selbstverständlich gibt es Phasen, in denen sich Beziehungen schwierig gestalten und es viel Liebe und intensive Gespräche benötigt, um sie wieder in ein gesundes Fahrwasser zu lenken. Es geht nicht darum, sofort aufzugeben. Doch wenn du vollkommen ehrlich und wahrhaftig zu dir selbst bist, spürst du unabdingbar, ob sich diese Beziehung nur in einer schwierigen Phase befindet, oder in ihren Grundfesten für dich nicht mehr tragbar ist.

Lass deine Intuition und dein Bauchgefühl hier die Führung übernehmen. Du spürst genau, ob diese Beziehung zu dir gehört oder nicht. Erinnere dich: Liebe ist unverkennbar.

Ebenso verhält es sich mit Wohnorten, Arbeitsplätzen und anderen äußeren Umständen. Du spürst, wann es an der Zeit ist, durchzuhalten oder grundsätzlich etwas zu verändern. Vertraue deiner Intuition und verlasse Umstände, die ausgedient haben. Andernfalls wird dein inneres Wachstum aufgehalten, du fühlst dich zunehmend unwohl und wiederholst immer wieder alte Schleifen, aus denen du eventuell bereits einen Ausgang gefunden hast.

Inspirationsbox neuer Gewohnheiten

Ernährung

„Du bist, was du isst" sagt ein Sprichwort. Es gibt unzählige Ansichten über die richtige und falsche Ernährung. Dieses Buch ist kein Fachbuch in diesen Dingen, doch eins bleibt zu sagen: Die Ernährung ist einer der Hauptbausteine für ein gesundes inneres und äußeres Leben. Spare diesen Punkt nicht aus. Beschäftige dich mit deiner Ernährung, besser heute als morgen. Wenn du spürst, dass deine Ernährung ein Reset benötigt, wende dich Inspirationen zu, die dich ansprechen und dir das Gefühl geben, dass es zu dir passt.

Zur richtigen Ernährung gehören ebenso das richtige Wasser und genug Sonnenlicht. Sei es dir wert, diesen Punkt zu einem der bedeutendsten auf deiner Skala zu machen, selbst, wenn deine Berufung nichts damit zu tun hat: Du selbst bist die ausführende Person in deiner Lebensaufgabe und wenn es dir rundum gut geht, kannst du das Gute auch nach außen geben.

Tagesroutine

Eine passende Tagesroutine zu finden, ist heute gar nicht so leicht. In vorherigen Kapiteln wurde es bereits erwähnt – so vieles steht heute zwischen dir und deinem natürlichen Rhythmus von Arbeit und Ruhe, Wach- und Schlafzeiten, Verpflichtungen und „freiem Spiel".

Kreiere mutig dein Leben von innen nach außen. Das bedeutet, dass du dir jeden Tag neu die Frage stellen kannst: Wie war mein Tag gestern? Fand ich es gut so, wie es gelaufen ist? Würde ich das heute wieder so wollen? Wenn es diese oder jene Verpflichtung nicht gäbe, wie würde ich dann leben wollen?

Dein Leben besteht nicht vorrangig aus den außergewöhnlichen Tagen, die dann und wann alles durcheinanderbringen, besonders aufregend oder besonders beglückend sind – dein Leben ist vorrangig dein Alltag. Dieser Alltag möchte so gestaltet sein, dass deine Berufung einen würdigen Platz darin findet und er dir guttut. Blicke auf deinen Alltag wie auf eine lieb gewonnene Vase, ein Schmuckstück oder einen Freund. Ergänzt er dich gut? Ist er ein guter Begleiter? Fühlst du dich mit ihm wohl?

Die gesunde Tagesroutine besteht aus sogenannten Ankerpunkten, die dir Freude bereiten, Sinn für dich ergeben und dir langfristig guttun. Selbst das tägliche Zähneputzen kann dazu gehören, wenn du dir darüber bewusst bist, dass du langfristig dein Lächeln erhältst – was deinem sozialen Leben immens zugutekommen kann. Ja, so weit lässt sich denken, um selbst den einfachsten Tätigkeiten einen Sinn zu verleihen!

Interessant ist auch der Gedanke, Tätigkeiten abzugeben, mit denen du dich beim besten Willen nicht anfreunden kannst oder die dir schlicht zu viel sind. Wie wäre es, eine Reinigungskraft einzustellen – mit der du dich vielleicht sogar gut verstehst, eine freundschaftliche Beziehung aufbauen und anregende Gespräche führen kannst und ihr gleichzeitig finanziell Gutes tust und dich selbst entlastest?

Kontakt zu Menschen

Beobachte dich im Laufe von ein bis zwei Wochen und finde heraus, welche Abstände zwischen sozialer Interaktion und Ruhezeiten für dich ideal sind. Es gibt kein Richtig und Falsch. Es kann sein, dass du in der Woche nur ein einziges Treffen möchtest – doch dieses dafür den ganzen Tag. Oder du möchtest jeden Tag Menschen treffen, mit denen du an deiner Berufung arbeiten kannst - aber nur zwischen zehn und zwölf Uhr. Der Gestaltungsmöglichkeit sind keine Grenzen gesetzt.

Probiere auch gerne unterschiedliche Kontaktvariationen aus: Du kannst dich persönlich verabreden oder aber telefonieren, ein Videotelefonat vereinbaren oder Sprachnachrichten austauschen. Letztere eignen sich im Übrigen vorzüglich dafür, lange sprechen zu können, ohne unterbrochen zu werden, deine Gedanken ungestört zu Ende zu führen, dich selbst zu reflektieren und auch Antworten der Kontaktperson dann anzuhören, wenn es zeitlich für dich passt. Auf diese Art können viele Träume geboren werden!

Selbstverständlich ist die beste Art für persönlichen Kontakt jedoch das altbewährte persönliche Treffen. Schaut einander vermehrt in die Augen. Beobachte, wie es sich anfühlt, von diesem Menschen wahrhaftig gesehen zu werden. Kannst du den Augenkontakt halten? Was löst er in dir aus? Und was hat das mit deiner Berufung zu tun?

Nun, so wie du erlaubst, dass andere durch deine Augen in dein Herz sehen dürfen, so können sie auch durch deine Berufung in dein Herz sehen. Bist du bereit, sichtbar zu sein? Bist du bereit für den Kontakt, der sich dadurch ergibt? Die Berufung ist Ausdruck des Herzens und daher lebendig und mit vielen Gefühlen verbunden. Je mehr du lernst, dich mitzuteilen, umso mehr kannst du auch in deiner Berufung bereit sein, zu zeigen, was wirklich auf deinem Herzen liegt.

Kreativität

Kreativ zu sein bedeutet, Dinge zu erschaffen und etwas ins Leben zu rufen, was vorher noch nicht da war. Im Kern sind wir alle kreativ, selbst, wenn wir nur ein Essen zubereiten. Doch der Unterschied zum kreativen Schaffen und zum mechanischen Bereitstellen liegt in der Achtsamkeit. Wenn du wach, aufmerksam und präsent bei der Sache bist, bist du bereits kreativ tätig.

Übe dich daher ganz besonders in kreativer Schaffenskraft durch deine Aufmerksamkeit.

Um deine Träume zu erreichen, ist Kreativität unerlässlich – denn hättest du bereits alles erschaffen, was du brauchst, wäre dein Traum kein Traum mehr. Du wirst also naturgemäß neue Wege gehen, Dinge tun, die du nie zuvor getan hast und deinen Horizont erweitern. Um dies auch wirklich in vollem Bewusstsein zu tun, ist deine Achtsamkeit und das Leben im Jetzt von großer Bedeutung.

Um deine Kreativität anzuregen, kannst du:

- ⇨ Traumreisen mit deiner Lieblingsmusik antreten
- ⇨ Bilder in Farben malen, die dir eigentlich nicht entsprechen und ungewohnt erscheinen, doch trotzdem etwas in dir lebendig und neugierig machen
- ⇨ deinen Kleidungsstil wechseln
- ⇨ alten Ballast verkaufen, verschenken oder mit Freunden tauschen
- ⇨ deine Wohnung umgestalten
- ⇨ jeden Tag mindestens zehn Minuten tanzen/dich bewegen, ohne darüber nachzudenken, wie es aussieht
- ⇨ Orte besuchen, die bisher nicht auf deiner Liste standen: Museen, Theater, eine bestimmte Art von Clubs und Bars, Parks, eine neue Stadt, eine Reise in ein Land, über das du noch nie zuvor nachgedacht hast
- ⇨ ...

Die Wahl des sozialen Umfeldes

Erinnere dich noch einmal an die Bedeutung des Reiters aus Kapitel 2 – dort hast du gelernt, dass dein soziales Umfeld dich und deine Entwicklung maßgeblich mit beeinflusst.

Wie kannst du nun praktisch dein soziales Umfeld so gestalten, dass es dir und deiner Berufung guttut?

Am wichtigsten sind die beiden folgenden Umfelder:

Vorbilder und enge Freunde.

Deine Vorbilder sind Menschen, die mit ihrer Berufung etwas ansprechen, was dir ebenfalls am Herzen liegt. Ihre Herangehensweise muss der deinen nicht entsprechen, du musst nicht exakt in ihre Fußstapfen treten, doch es ist sehr hilfreich, wenn du Menschen findest, zu denen du aufschauen kannst.

Besonders, wenn deine frühen Bezugspersonen nicht solche Vorbilder für dich sein konnten, können dich andere Menschen aus deinem Interessensgebiet inspirieren, ihre Arbeit kann dich ermutigen und dir Kraft geben, ja, vielleicht ist es gar deren Berufung, Menschen wie dich durch ihre Inhalte in ihre Berufung zu begleiten. Zu dieser Gruppe gehören allerlei Coaches und Motivationstrainer im Allgemeinen, aber auch Menschen, die deine besondere Nische mit ihrer Arbeit ansprechen: Wenn du dich für den Beruf des Tischlers interessierst, wird es dich inspirieren, einem Tischler bei der Arbeit zuzuschauen. Wenn du in Nigeria ein Frauenhaus errichten willst, siehst du dir Dokumentationen an, knüpfst Kontakte, lauschst Menschen, die ein gleiches oder ähnliches Anliegen haben und darin bereits etwas erreicht haben.

Beachte, dass du als Empath eventuell dazu geneigt bist, dich in die Erfolgsgeschichten deiner Vorbilder so hineinzuversetzen, dass es dich vielleicht nicht ermutigt, sondern zeitweise das Gegenteil bewirkt: Vielleicht siehst du in ihnen eine Tiefe, die dir deiner Meinung nach noch fehlt. Du spürst ein gewisses Etwas, das du an dir vermisst. Du siehst, dass sie einen besonderen Zugang zu ihrer Berufung und anderen Menschen haben. Übe, deine Perspektive hier zu verändern und dich mit deinen Vorbildern innerlich zu verbinden! Freue dich über ihre Erfolge und nimm diese auch für dich auf deine Weise in Anspruch. Zähle dich zur Gruppe der Menschen, die diese Ziele erreichen. Sage dir immer wieder: Sie zeigen mir, dass es geht. Wenn sie es können, kann ich es auch.

Deine Vorbilder musst du nicht unbedingt persönlich kennen, auch wenn ein Mentor sicherlich eine sehr hilfreiche und empfehlenswerte Stütze ist. Auch die Vorbilder selbst müssen dich nicht kennen, um dich beschenken zu können. Du bist mit ihnen über ihre Berufung verbunden. Enge Freunde sind dagegen diejenigen, die alles über dich wissen: Deine Sonnen- und Schattenseiten liegen vor ihnen offen, ihr fordert euch gegenseitig heraus und lebt eine besondere Form der Intimität.

Wie kannst du nun deine engen Freunde so wählen, dass sie zu deiner Berufung passen – und ist das immer nötig?

Selbstverständlich kannst du auch mit Menschen befreundet sein, die mit deiner Berufung nicht direkt verbunden sind. Doch sie sollten dich in deiner Ganzheit lieben und anerkennen und daher auch deine Berufung mit offenen Armen in euren Gesprächen empfangen.

Es ist jedoch auch möglich, dass du unterschiedliche Freunde und Gesprächspartner für unterschiedliche Themen hast: Mit dem einen kannst du wunderbar über dein Liebesleben sprechen, andere wissen alles über deine Rolle als Mutter oder Arbeitnehmerin und wieder andere sind deine persönlichen Partner in Sachen Berufung. Diese Beziehung funktioniert am besten wechselseitig, denn ihr befruchtet euren Geist und eure Seele gemeinsam. Was diese Person von sich berichtet, gibt dir Inspiration und Auftrieb für dich und umgekehrt. Zudem könnt ihr einander sehr mitfühlend und empathisch begegnen und damit eine tiefe Bindung stärken, die die Farbe deiner Berufung und Tätigkeit mit beeinflussen wird.

Wenn du eine neue Beziehung ersehnst, schreibe auf, was du dir wünschst: Welche Eigenschaften soll die Person mitbringen? Was bist du selbst bereit, in der Beziehung zu geben? Wie soll sie dich unterstützen? Wenn du dich für eine neue Beziehung öffnest, bereit bist, dich zu verschenken und Raum dafür geschaffen hast, wird sie auch eintreten. Nun kannst du erfahren, ob diese Person die richtige für dich ist, indem du ganz offen und ehrlich über deine inneren Themen sprichst und dich immer wieder zeigst.

Gib deiner Beziehung viel Zeit und Raum. In diesen Gesprächen ergeben sich oft ungeahnte neue Ideen, Lösungsansätze und neue Träume werden geboren. Sie sind das Futter für deine Zukunft.

Fragen und Antworten

Was ich bisher gelebt habe, erfüllt mich nicht – doch ich weiß einfach nicht, was ich wirklich will!

Nun ist vielleicht die genannte Krise durch dein Leben gerauscht und hat alles in deinem Leben auf den Kopf gestellt. Nichts ist mehr, wie es bisher war, entweder in deinem Inneren oder auch in deinem Alltag. Du stehst an einem Wendepunkt deines Lebens und weißt, so kann es nicht mehr weitergehen. „Da ist mehr! Ich suche nach Sinn, nach Kraft, nach Lebendigkeit, nach etwas, das bleibt!" Die Frage nach der Berufung lässt sich nicht länger umgehen.

Doch bisher hast du dir nie intensiv Gedanken zu diesem Thema gemacht. Etwas in dir war immer auf der Suche, doch du konntest nicht klar genug sehen, wonach deine Seele sich sehnt.

Mit der Krise über den Sinn des Lebens geht immer auch eine persönliche Identitätskrise einher.

Daher ist die Frage nach dem existentiellen „Wer bin ich?" die Grundfrage zu allen weiteren Antworten, nach denen du suchst. Du wirst erst wissen, was du wirklich willst, wenn du weißt, wer du bist. Vergleiche es mit einem ganz simplen Beispiel: Bist du Tee- oder Kaffeetrinker? Erst, wenn du diese Frage beantwortet hast, kannst du der detaillierteren Frage nach der Tee- oder Kaffeesorte nachgehen. Ansonsten wirst du immer wieder an den falschen Stellen nach Antworten suchen.

Die Frage danach, was du wirklich willst, kann auch zermürbend wirken. Viele Menschen leiden darunter, das Gefühl zu haben, alles ein bisschen und nichts wirklich zu können. Sie sind kein Profi auf einem speziellen Gebiet und schwimmen im Grau durch ihren Alltag, alles scheint in Ordnung, doch fad. Wo ist die Lebendigkeit, wo sind die Farben, wo der frische Wind, der aus dem Inneren kommt? Wo ist die Begeisterung für etwas, die dich mitreißt und dir eindeutig mit rot schwenkenden Fahnen den Weg weist?

Ja, die Antwort auf die Frage, was wir wirklich wollen, ist existentiell wichtig. Doch solange du noch in einer Orientierungsphase bist, gehört sie dazu. Und es gehört ebenso dazu, vorerst keine Antwort darauf zu haben. Es kann dir helfen, deine Perspektive zu verändern:

Sieh den leeren Raum des Nichtwissens, der entsteht, als eine Chance für viel Freiheit und die Möglichkeit, Neues auszuprobieren und in dein Leben zu lassen! So oft möchten wir wissen, „was Sache ist", wir möchten „Bescheid wissen", uns festlegen, endlich einen Plan haben. Der Lebenslauf sollte lückenlos und das Ziel eindeutig sein. Doch entsteht nicht genau in dem Moment, in dem alles unklar erscheint und wir nichts kontrollieren können, ein Horizont ohne Grenzen? Ist es nicht das, was das Leben erst lebenswert macht? Was wäre dein Weg in deine Berufung, wenn du immer und zu jeder Zeit alles im Voraus wüsstest? Was wäre die Beziehung zu dir selbst, wenn du bereits alle Räume und Geheimnisse deiner Seele erkundet und ausgelotet hättest? Was, wenn sich nicht auch immer neue Räume ergeben, in denen du dich verändert hast und vor wieder neuen Geheimnissen stehst?

Gehe die Zeit der Orientierungslosigkeit positiv an. Freue dich, sei neugierig auf dich selbst. Lass die Verzweiflung los. Atme tief durch. Erkunde den Raum in deinem Inneren. Mache deinen Atem zu einer Erinnerung: Wohin kann er strömen? Wie weit den Raum der Möglichkeiten öffnen?

Dass du nicht weißt, was du willst, beweist vor allem eins: Du bist so viel mehr, als du bisher erahnen konntest. Da ist Luft nach oben, nach außen, nach hinten und vorne – und das Leben lädt dich ein, es zu entdecken.

Ich weiß, ich bin bereit, mein Leben zu ändern und in meine Berufung zu starten. Doch wo soll ich anfangen?

Ein Berg voller Herausforderungen steht vor dir. Vielleicht hast du ein vages Ziel oder auch eine klare Vision deiner Berufung, doch dein Blick ist auch auf deine aktuelle Situation gerichtet. Du stehst vor finanziellen Verpflichtungen, einem Arbeitsvertrag, einem Alltag mit Familie oder auch im Büro, vielleicht kämpfst du noch mit dem richtigen Mindset, welches dir hilft, wirklich an deine Vision zu glauben. Dein soziales Umfeld hat unter Umständen noch nie etwas von Berufung gehört oder hält es für Humbug. Vielleicht sind deine Freunde auch mehr auf ein angenehmes, doch oberflächliches Leben ausgerichtet oder sie bewegen sich seit Jahren durch die immer gleichen Schleifen innerer Herausforderungen.

Du fühlst dich fehl am Platz und schlecht ausgerüstet. Wie kannst du deinem Leben eine Richtung geben, welche dich an dein Ziel führt? Du steckst schon mitten in der inneren Arbeit, räumst mit deiner Vergangenheit auf und wirst Stück für Stück bewusster – doch was kannst du aktiv an deiner äußeren Situation verändern, wo kannst du anfangen?

Die wichtigste Gegenfrage lautet: Was sagt mir mein Herz?

Unsere innere Intuition weiß genau, welcher Schritt als Nächstes gegangen werden möchte. Das Problem liegt zwischen unseren Ohren: Der Verstand funkt dazwischen und macht dir weiß, dass es unabdingbar ist, viele Gedanken und Ideen hin und her zu wälzen, Pro-Kontra-Listen zu machen, vielleicht auch Schritte zu gehen, die du nicht tief in dir als richtig und wahr empfindest, die dir jedoch notwendig erscheinen.

Eine solche Herangehensweise kann zwar zum Erfolg führen, doch als Empath wird sie dich auf Dauer nicht erfüllen. Ein empathischer Mensch sehnt sich nach Verbindung, immer und unablässig. Diese findet er zuerst in sich selbst, indem er sich mit seiner Intuition verbindet.

Daher gilt: Beruhige im ersten Schritt deinen Verstand. Lass davon ab, der Versuchung nachzugeben, dich unablässig mit Gedanken und Ideen zu füllen und dich dadurch in einem Gewusel an Inhalt hin und her werfen zu lassen, besonders, wenn dieser Inhalt von außen kommt. Podcasts, Videos, Bücher und andere inspirative Quellen sind zeitweise hilfreich und für das innere Wachstum von Vorteil, doch mehr als alles andere darfst du lernen, deine logische Herangehensweise zu verlassen. Wenn es darum geht, die Basis zu finden, hilft dir einzig und allein deine Intuition. Dein Verstand ist dazu da, einen durch deine Intuition gefassten Plan umzusetzen. Doch der Plan an sich entsteht in diesem inneren, stillen, freien Feld, in dem dein Geist zur Ruhe kommt und jeden einzelnen Schritt in seiner Weisheit empfängt.

Ich kenne mein Ziel, doch ich habe nicht annähernd die Talente und Begabungen dafür. Wie passt das zusammen?

Nun, diese Frage lädt zum genaueren und ehrlichen Hinsehen ein. Forsche mit weiteren Fragen daran, welche Zweifel dieser scheinbaren Diskrepanz zugrunde liegen. Hier einige inspirierende Fragen zur Selbsterkenntnis:

- ➢ Habe ich durch mein Umfeld nur gelernt, dass ich diese und jene Begabung brauche, um mein Ziel zu erreichen? Glaube ich das selbst auch? Was sagt meine innere Stimme dazu?
- ➢ Halte ich es für zu schön, um wahr zu sein, dass mein Traum in Erfüllung geht?
- ➢ Schütze ich mich vielleicht durch ein Totschlagargument vor Enttäuschung, indem ich mich davon abhalte, es überhaupt zu versuchen?
- ➢ Will ich wirklich, was ich mir vorgenommen habe? Habe ich eventuell leise Zweifel? Ruft mein Herz mich vielleicht in eine andere Richtung?
- ➢ Was hält mich davon ab, Übungs- und Trainingszeiten für die nötigen Fähigkeiten zu meiner Priorität zu machen? Was ist wirklich in mir los?
- ➢ Wenn mich mein innerer Schweinehund vom Üben abhält, möchte er mich vor [...] bewahren.
- ➢ Ich habe eigentlich eine heimliche Abneigung gegen [...].

Hilfe - ich habe weder Zeit noch Geld für meine Berufung!

Zeit und Geld - die beiden häufigsten Ausreden für begrabene Träume und verlorene Berufungen. In der Tat, du verlierst nicht deine Zeit, wenn du deine Berufung lebst, sondern deine Berufung, wenn du dir nicht die Zeit dafür nimmst.

Sei auch hier ehrlich mit dir: Was hält dich in Wahrheit davon ab, deine Berufung zu deiner Priorität zu machen? Wovor fürchtest du dich vielleicht?

Geld und Zeit sind zwei sehr stark von gesellschaftlichen Normen und Vorgaben geprägte Bereiche unseres Lebens. Die Kultur, in der wir aufwachsen, bestimmt, inwieweit wir hier Freiheit oder Unfreiheit, ein Gefühl von Fülle oder Mangel, Chancen oder Gefahren sehen.

Auch unsere familiäre Herkunft spielt eine entscheidende Rolle: Hast du in deiner Kindheit in diesen Bereichen Mangel erlebt und die Erwachsenen haben dir vorgelebt, dass diese Ressourcen ausgehen, fehlen und ihr Leben durch die Beschaffung finanzieller Mittel bestimmt wird, anstatt nach dem Prinzip des Vertrauens, so wird sich dieses Denksystem mit in dein Erwachsenenleben tragen.

Daher ist es hilfreich, die Geschichte deiner Eltern und deine eigene Kindheitsgeschichte im Hinblick auf deine Glaubenssätze genau zu betrachten. Was hast du gelernt, woher kommst du, was ist deine persönliche, bisher unbewusst übernommene Wahrheit?

Im nächsten Schritt kannst du dich in Geschichten anderer Menschen einarbeiten, deren Lebensgefühl und ihre Realität anders geprägt war: Sie lebten in Fülle und ihre Herkunft sprach die Sprache des Vertrauens. Vielleicht war der Mangel an Geld und Zeit gar nicht erst ein Thema, das offen oder versteckt behandelt wurde – die Familienmitglieder hatten die Freiheit, sich mit anderen Lebensbereichen auseinanderzusetzen, da in diesem Fall kein Bedarf zur Klärung bestand.

Menschen, die mit positiven Erfahrungen zum Thema Zeit und Geld aufgewachsen sind, streiten sich nicht mit dem Gedanken und der Furcht, von beidem zu wenig zu haben. Sie finden sich vor anderen inneren Grenzen wieder. Es ist wichtig, dies zu verstehen: Deine Begrenzung kommt aus dem, was du glaubst und gelernt hast, sie ist nicht unbedingt ein vorgegebener Fakt deiner Gegenwart.

„Aber ich habe tatsächlich mehr Rechnungen als Geld und nicht einmal Zeit, um mich am Tag kurz auszuruhen! Wie kann ich da dann auch noch an meiner Berufung arbeiten?" magst du nun vielleicht einwerfen.

Nun, deine Realität hat sich nach deinen Überzeugungen ausgerichtet. Du hast dir unbewusst einen Alltag geschaffen, der deiner bisherigen Erfahrung entspricht. Als Kind kanntest du nichts anderes, daher hat sich dein inneres System auf eine Welt innerhalb dieser Grenzen eingerichtet - auch mit der Suche nach Lösungen.

Es ist für unser Gehirn schwer, unseren Horizont zu erweitern und die Welt außerhalb unserer bisherigen Erfahrungen als mögliche neue Wahrheit zuzulassen. Der wichtigste Schritt liegt darin, uns bewusst zu machen, dass es im Grunde möglich ist.

Hilfreich ist es an dieser Stelle, dich so intensiv wie möglich mit neuartigen, positiven Gedanken und Sichtweisen zum Thema Geld- und Zeitmanagement auseinanderzusetzen. Lies Bücher, wenn du magst, höre Podcasts, kurz, lass dein Gehirn und deinen Emotionalkörper auf Tuchfühlung mit neuem Denken gehen! So kann sich dein Inneres langsam für neue Möglichkeiten öffnen. Ein sicheres Zeichen dafür, dass du dich auf einem guten Weg dahin befindest, ist die Hinterfragung deiner aktuellen Umstände. Auf einmal beginnst du fast beiläufig, deine Situation von außen zu betrachten und dich zu fragen: Muss das hier wirklich so sein? Wie kommt es dazu, dass immer wieder Rechnungen in meinen Briefkasten flattern? Woher kommt das Herzrasen, das ich immer habe, wenn ich einen Brief mit einer eventuellen Rechnung öffne? Warum liege ich abends nervös im Bett und sorge mich um den morgigen Tag? Woher kommt es, dass mir immer zu wenig Zeit bleibt, wo doch allen Menschen mehr oder weniger dieselbe Menge an Zeit zur Verfügung steht? Warum sitzen andere Leute morgens tief entspannt mit ihrem Kaffee auf dem Balkon, während ich schon von der ersten Sekunde an angespannt und gestresst von einer Aktion zur nächsten haste? Liegt der Unterschied wirklich darin, dass sie vom Leben bevorzugt sind und einfach Glück haben? Warum denke ich, kein Glückspilz zu sein?

Was ist, wenn ich doch ein Glückspilz bin und in einer existierenden Realität genug Zeit und Geld habe, um alles umzusetzen, was ich mir von Herzen vornehme?

Es ist tatsächlich wahr: Du bist in der Lage, deine Verhaltensweisen und heimlichen Einstellungen hinter deinen Umständen zu erkunden, dein Innenleben auf den Kopf zu stellen und damit in eine neue Ordnung zu bringen, die dir neue, befriedigende Umstände voller Ruhe und Fülle bescheren. Es ist kein Hokuspokus und keine Schwurbelei, sondern simple Logik. Wenn du dich von deinen bisherigen Vorstellungen verabschiedest und offen wirst für Neues, kannst du dein Leben verändern. Du musst nicht bleiben, wo du bist. Es gibt so viel mehr Möglichkeiten, als du bisher ahnst.

Aus deiner Perspektive nimmst du nur einen Bruchteil davon wahr, doch wenn du deinen Standpunkt änderst, kannst du deinen Spielraum von einer anderen Seite her betrachten.

Dazu erhältst du hier eine wunderbare Übung:

Inspiration

Schreibübung

<u>Vorbereitung:</u>

Bereite dich vor, wie in der Inspirationsübung im ersten Kapitel beschrieben.

<u>Übung:</u>

Stelle dir vor, du könnest ein Treffen vereinbaren mit deinem zukünftigen Ich in ca. fünf Jahren. Wenn du magst, wähle einen anderen zukünftigen Zeitpunkt, falls fünf Jahre dir nicht stimmig erscheinen.

Stelle dir nun vor, dass dein zukünftiges Ich zu diesem von dir gewählten Zeitpunkt all seine inneren Begrenzungen aufgelöst hat, die zum Thema Zeit und Geld noch heute in dir aktiv sind.

Dein zukünftiges Ich hat es geschafft, seine Realität zu verändern und lebt nun das Leben, das du dir heute so sehr ersehnst.

Beschreibe zuerst die Ausstrahlung dieser Person: Was nimmst du wahr? Welche innere Haltung zum Leben scheint sie zu haben?

Welche Kleidung trägt sie, wie ist ihre Körperhaltung, ihr Gesichtsausdruck?

In welchen Lebensumständen befindet sie sich? Wie sieht ihr idealer Tag aus?

Setze dir in deiner Vorstellung keine Grenzen. Was du heute denken kannst, ist eine mögliche Zukunft für dich. Beschreibe detailliert, was du siehst, was du sehen willst.

Nun kannst du dein zukünftiges Ich um Rat bitten:

- ⇨ Was hast du damals getan, um zu verstehen, dass dir endlos viel Zeit und Geld zur Verfügung stehen, obwohl es noch nicht so war?
- ⇨ Welche Zeit- und Geldfresser gab es in deinem Leben? Wie hast du sie eliminiert und was hast du stattdessen getan?
- ⇨ Wie hast du es geschafft, mehr Geld anzuziehen, als auszugeben?
- ⇨ Wie wurdest du deine Sorgen los?
- ⇨ Was rätst du mir in der kommenden Woche als ersten Schritt zu tun?

Ich weiß, was zu tun ist, doch ich habe solche Angst davor, mein Leben radikal zu verändern.

Menschen sind Gewohnheitstiere. Wir richten uns gern in einem sich ständig wiederholenden Alltag ein, um dem Bedürfnis nach Sicherheit und Geborgenheit zu begegnen und uns verwurzelt zu fühlen.

Viel zu schnell geben wir uns allerdings mit einer Art der Gewohnheit zufrieden, die uns bereits aus unserer Vergangenheit bekannt vorkommt und daher eine Art Wohlgefühl in uns auslöst – obwohl wir damals vielleicht gar nicht glücklich in dieser Realität waren.

Unser Gehirn ist immer auf der Suche nach dem, was für seine bisherigen Denkstrukturen passt. Daher ist ein äußerer Umstand, der immer wieder erlebt wird, eine Art sicherer Hafen. Hier wissen wir, was geschieht, nichts kann uns überraschen, wir kennen uns aus. Wir haben die richtigen Schutzmechanismen entwickelt, uns eingerichtet in einem Feld, in dem wir uns wie ein Profi bewegen. Doch auch ein Soldat, dem bewusst ist, wo die Bomben unter dem Boden versteckt sind und der gekonnt ausweicht und sicher seinen Weg über die Kampffläche findet, befindet sich dennoch im Krieg und steht unter Stress. Alles in seinem Leben ist auf Krieg ausgerichtet – seine Kleidung, seine Bewegungen, seine Sprache, sein Nervenkostüm, sein Wach-Schlaf-Rhythmus. Er fühlt sich gut ausgerüstet. Doch wie möchte er in einer anderen Realität, z. B. der des Friedens, überleben und sich sicher und gemütlich einrichten?

Auf einmal muss er nicht mehr ausweichen. Er muss nicht mehr trainieren und nicht mehr wachsam sein vor Angriffen. Seine Welt ist sicher und er findet sich in unendlichem Potential für eigene Ideen, eine selbstgewählte Tätigkeit und eine sinnvolle Berufung wieder, die seinem Herzen entspricht. Er muss nicht mehr reagieren, sondern betritt eine Realität voller Möglichkeiten zur freien Gestaltung.

Diese Möglichkeiten machen ihm absurderweise jedoch Angst. Seine äußere Welt ist sicher, obwohl sie neu ist - doch er selbst hat nicht die Ausrüstung und die passende innere Haltung, um sich in ihr so zurechtzufinden, dass er sich als selbstwirksam und kraftvoll empfindet. Alles ist neu und ungewohnt für ihn.

Genauso verhält es sich, wenn du deine bisherige Realität durch eine neue eintauschst, die deinem Herzen voll entspricht und Platz für deine Berufung bietet. Du hast es dir gewünscht, doch alles ist neu und du musst dich neu einrichten.

Sei ermutigt – auf lange Sicht hinaus ist es zutiefst heilsam und beglückend, in dem Leben anzukommen, welches du dir von Herzen wünschst, und darin deine Berufung zu leben. Du wirst trainieren müssen, neue Denkweisen einzuüben und anders zu handeln als bisher – doch auf Dauer ist das neue Umfeld passender und bedient dein Bedürfnis nach Sicherheit viel nachhaltiger und tiefer, als es ein faktisch unsicheres, aber gewohntes Umfeld bisher getan hat.

An dieser Stelle sind dir dein Mitgefühl und dein empathisches Herz zutiefst dankbar, wenn du dich in Richtung deines persönlichen Weges und deiner Berufung entscheidest:

Du bist feinfühlig und sensibel und kannst diese Gaben in der Zukunft unter gesunden Umständen nutzen, die deine Seele erfüllen und ihr guttun.

Sei mutig und verlasse Umstände und Menschen, die dein Mitgefühl als Fass ohne Boden beständig konsumieren, deine Empathie verlachen oder dich in anderweitig respektloser Weise unter deinem Wert halten. Gib dir das Recht, diese Umstände als nicht zumutbar einzuordnen und dich deiner Berufung zuzuwenden – mit ganzem Herzen und voller Leidenschaft ein Leben zu führen, welches dein empathisches Wesen in voller Gänze aufblühen lässt.

Ich habe ein Ziel, doch mir fehlen die richtigen Kontakte.

Mit der Veränderung einer Ausrichtung hin zu deiner wahren Berufung kann es vorkommen, dass du durch einen Engpass in Bezug auf deine sozialen Kontakte gehst. Das Alte passt vielleicht nicht mehr und du musstest feststellen, dass einige Bekannte oder gar Freunde deinen Weg nicht mehr mit gehen – oder du nicht den ihren.

So möchtest du gerne neue Menschen kennenlernen, die deine Berufung unterstützen, mit dir zusammenarbeiten, sich deinem Weg anschließen oder ihn bereits beschreiten.

Vielleicht kommt dir dieser neue gewünschte Freundes- und Schaffenskreis vor wie eine Art Elite, in deren Mitte aufgenommen zu werden du dich vorerst beweisen musst. Du fürchtest, noch nicht weit genug zu sein oder nicht interessant genug, originell, begabt. Die Wahrheit ist jedoch, du musst nicht anderen etwas beweisen, sondern dir selbst.

Auch hier liegt ein kleiner, aber weitreichender Denkfehler vor: Wenn du dich fragst, ob du gut genug bist für neue Menschen, fürchtest du tief in dir, es eben nicht zu sein. Ein alter Glaubenssatz ist entdeckt, das Gefühl, sich Liebe und Zuneigung erarbeiten zu müssen.

Mache dir bewusst, dass diese Furcht allein in dir liegt. Wenn du deinen Wert in dir gefunden hast und ihn fühlst, werden sich die Türen zu neuen Menschen öffnen. Du bist kein Bittsteller. Du bist ein Mensch auf dem Weg in seine Berufung und die richtigen Begleiter werden an deine Seite finden. Hier findest du einige hilfreiche Affirmationen zu diesem Thema:

- Ich bin liebenswert
- Menschen verbringen gerne Zeit mit mir
- Ich begegne Menschen, die mir ihr Herz öffnen und mit mir befreundet sein möchten
- Diese Menschen tun mir gut und begleiten mich effektiv auf meinem Weg in meine Berufung
- Auf meinem Weg in meine Berufung begegnen mir die richten Kontakte mit all den Skills, die ich brauche, um die nächsten Schritte zu gehen
- Ich finde mühelos heraus, was ich selbst tun kann und möchte und wobei ich Unterstützung oder Begleitung wünsche

> Meine neuen Kontakte sind von tiefer, gegenseitiger Zuneigung, Respekt und Empathie geprägt
> Ich muss mich nicht mehr mit Menschen abgeben, die nicht die gleichen Werte vertreten wie ich
> Ich bin es wert, die gleiche Empathie zu empfangen, die ich gerne geben möchte

Interessiert meine Berufung wirklich jemanden?

Vielleicht kennst du diese Zweifel. Deine Berufung mag etwas sein, was in deinen Augen absolut zu erfüllen ist, dein Herz hüpfen lässt und Freude, Liebe und heilsame Gedanken in dir hervorruft. Vielleicht möchtest du einen Blumenladen eröffnen oder sogar „nur" deiner Großmutter den schönst möglichen Lebensabend gestalten. Vielleicht sieht niemand, was du tust, doch wenn man dich fragt, so musst du sagen: Ja, ich bin glücklich. Mir reicht von ganzem Herzen, was ich tue. Ich bin angekommen.

Doch da ist dieser kleine Zweifel, der dich pikst: Interessiert sich wirklich jemand für dich und deine Berufung? Soll eine Berufung nicht Aufmerksamkeit auf sich ziehen, über alle Lande hinweg bekannt sein und ein gewisses Maß an Ruhm und Ehre einbringen? Soll man nicht Vorbild sein, schauen andere nicht immer zu dem Berufenen auf?

Kurz und knapp: Nein. Eine Berufung ist, um erneut zu erinnern, eine Tätigkeit, die zur Heilung und Wiederherstellung dieses Planeten dient. Dabei ist es vollkommen egal, wie groß oder klein dieser Beitrag zu sein scheint. Wenn er dir persönlich genau passend erscheint und du dich im Kern damit von ganzem Herzen vereint hast, verändert deine Berufung die Welt. „Die Welt" ist alles, was sich auf und in ihr befindet. Jedes Lebewesen ist ein Teil davon. Es macht keinen Unterschied, ob du dich einem Lebewesen widmest oder tausenden. Alles ist miteinander verbunden und ein Teil des großen Ganzen.

Zudem weißt du nicht, welche Auswirkungen deine aus Liebe gespeisten Handlungen nach sich ziehen. Eine simple Umarmung kann ein Leben retten. Ein freundliches Wort eine Wunde heilen. Ein Ja zu dir selbst dein eigenes Leben verändern.

Jede Berufung ist gleich wertvoll.

Alles, was ich machen möchte, existiert bereits. Ist meine Stimme denn noch nötig?

Du hast eine glänzende Idee, bist mit ganzem Herzen und voller Leidenschaft dabei – und dann liest du ein Buch von einem Menschen, der genau diese Gedanken und Ideen bereits in die Welt gebracht hat.

Immer wieder kommt es vor, dass du voller Freude und Elan einen Plan für die Umsetzung deiner Berufung ausführen möchtest, doch auf deinem Weg findest du heraus, dass es dieses Engagement so oder ähnlich bereits auf dem Markt gibt. Du bist enttäuscht und entmutigt, fragst dich, ob dein Licht nicht viel zu unbedeutend und klein ist, um neben den anderen zu bestehen, ob es nicht schlicht vollkommen überflüssig ist.

Herzlichen Glückwunsch, du hast wieder einen Denkfehler erwischt! In Wahrheit ist es ein wunderbares Zeichen dafür, dass du dich auf dem richtigen Weg befindest:

- ➤ Du begegnest Menschen, die die gleiche Leidenschaft mit dir teilen
- ➤ Du beschäftigst dich offenbar tief mit deinem Thema und bist darauf ausgerichtet
- ➤ Die Menschen mit den gleichen Berufungen wie der deinen sind potenzielle Freunde, Geschäftspartner oder anderweitige Begleiter für deinen Traum
- ➤ Du kannst dich als Teil von etwas Größerem erkennen
- ➤ Es gibt immer mehrere „Brandherde" auf dieser Welt. Für viele Bereiche, die Heilung benötigen und nach deiner Berufung und deinem Herzen rufen, benötigt es viel mehr als nur einen Menschen. Einer kann nie alle erreichen und

helfend, heilend, inspirierend und ermutigend tätig sein. Für einen Heilungsprozess dieser Welt braucht es uns alle – auch dich.

Du hast bisher unbewusst die Welt mitgestaltet, wie sie gerade ist, denn du bist ein Teil von ihr. Nun kannst du sie bewusst mitgestalten. Unzählig viele Menschen teilen deine bisherigen, alten Glaubenssätze. Auch hier bist du damit nicht allein. Umso schöner ist es nun, wenn ihr gemeinsam die neuen Ideen und Projekte miteinander teilt und angeht.

Ich habe so viele soziale Verpflichtungen. Es scheint mir egoistisch, nun meine Berufung zu leben.

Ein heikler Einwand, so scheint es. Vielleicht hast du Kinder oder dein Chef empfindet dich als absolut unabkömmlich. Vielleicht hast du das Gefühl, dass alles um dich herum zerstört wird und du Menschen unglücklich machst oder im Stich lässt, wenn du deinem inneren Ruf folgst.

Was ist, wenn deine Berufung am Ende mehr Chaos in die Welt bringt als Frieden und Freude?

Nun, vielleicht helfen dir folgende Gedanken weiter:

Alles, was in sich zusammenfällt, sobald du deine Berufung lebst, sollte auch nicht länger bestehen. Deine Berufung fordert keine Opfer, nein. Vielmehr ist sie ein fehlendes Puzzleteil in deinem Leben, welches nun das Bild verändert, ihm Sinn verleiht und vielleicht bisherige Zusammensetzungen als unpassend entlarvt. Nun ergibt dein Lebensbild ein stimmiges Ganzes. Was an diesem Punkt nicht mehr besteht, möchte in eine andere Form fließen.

Zudem kannst du dich auf die Suche nach deinem inneren Glaubenssatz begeben, der dir sagt, dass du unabkömmlich für andere bist. Wo und wann hast du das gelernt? Macht es dich glücklich? Setzt es dich unter Druck? Was hast du vielleicht davon? Welche Angst wird durch deine Unabkömmlichkeit bedient oder unterdrückt? Wie würde dein Leben aussehen, wenn du dich abkömmlich machst? Was müssen dann andere für ihr eigenes Leben an deiner Stelle tun? Besonders als empathischer Mensch ist dieser Bereich für dich unbedingt zu beleuchten.

Viele Empathen haben das Gefühl, sich nicht um sich selbst kümmern zu dürfen oder ihre Empathie da einzusetzen, wo sie es am liebsten tun würden. Sie tun es da, wo sie denken, es zu müssen. Oft waren sie als Kinder diejenigen, die den Laden zusammenhielten, wie ein Sprichwort passend zusammenfasst. Wenn sie losließen, fiele das wackelige Familien-Kartenhaus in sich zusammen, dessen waren sie sicher. Vielleicht entsprach dies sogar der Wahrheit - doch sie waren nicht die verantwortlichen Erwachsenen, sondern das Kind. Die Rolle, die Familie zusammenzuhalten, war absolut inakzeptabel. Ein Kind sollte frei sein. Du hättest frei sein sollen. Deine Bezugspersonen waren dafür zuständig, die Familie zusammenzuhalten oder friedvolle andere Lösungen zu finden.

Heute bist du erwachsen und darfst deinen eigenen Weg gehen. Du darfst dich entfalten und alte Strukturen verlassen. Andere zu enttäuschen, gehört an einigen Stellen vielleicht dazu – es ist Teil des Loslösungsprozesses. Doch mit einem Augenzwinkern ist zu sagen: Mit der Zeit kann es dir eine schelmische Freude bereiten, andere zu ent–täuschen, dich abkömmlich zu machen und deinen Weg zu gehen. Es bietet unzählige neue Chancen, sowohl für dich als auch für die Menschen, aus deren Dunstkreis du dich entfernst.

Im Übrigen muss es nicht zwangsläufig zu zerstörten Beziehungen kommen. Vielmehr erhält euer Verhältnis nun die Chance, sich zu verändern und sich gesund zu entwickeln. Deine Berufung darf und muss einen Platz unter deinen sozialen Verbindungen haben, sie ist ein Teil von dir.

Der richtige Zeitpunkt

Viele Menschen scheitern immer wieder an der Frage des richtigen Zeitpunktes, um endlich die Berufung „zu beginnen". Sie fragen sich: Wann tue ich dies oder jenes am besten, welcher Schritt sollte wann getan werden, bin ich nicht zu jung/zu alt?

Typische Kalendersprüche, wie z. B. „Der richtige Zeitpunkt ist immer *jetzt*", helfen dabei wenig weiter – und führen zusätzlich in die Irre, je nachdem, wie man sie verstehen möchte. Wenn man meint, von null auf hundert in seine Berufung stolpern zu können und dabei auch noch über Nacht alles dafür zu haben, was nötig ist, ohne eine Entwicklung mit einzubeziehen, wird man sich nicht wundern müssen, immer wieder enttäuscht zu werden.

Das Leben, das Universum, die Kraft der Liebe, das Quantenfeld, Gott - wie auch immer du es nennen magst, es arbeitet sozusagen mit uns zusammen und schenkt uns zur rechten Zeit das, was wir auch im Stande sind, anzunehmen und umzusetzen. Somit ist es sicher nicht der richtige Zeitpunkt, eine Firma mit abertausenden Euro Schulden zu gründen, wenn du gerade erst deine Ausbildung abgeschlossen hast – aber vielleicht ist es an der Zeit, stattdessen deinem Vater zu eröffnen, dass du nicht vorhast, seinen Familienbetrieb weiterzuführen!

Eine Interpretationsweise des Kalenderspruchs, der dir immens nützt, ist hingegen folgende: „Der *richtige* Zeitpunkt ist immer jetzt." Vielleicht ist der Zeitpunkt nicht immer der richtige für das, was du jetzt sofort haben oder tun möchtest – doch er ist immer richtig in dem Sinne, dass er perfekt für etwas anderes ist, das gerade dran ist. Die Zeit geht immer weiter, Tag um Tag, Monat um Monat, Jahr um Jahr. Doch womit du deine Zeit füllst und was sich gut anfühlt, verändert sich stetig mit deinem eigenen inneren Wachstum.

Finde daher das Richtige für den aktuellen Zeitpunkt, nicht den passenden Zeitpunkt für das Richtige.

Lass die Konstante der Zeit bestehen und bastle an dem *Was* und *Wie* in einem Fluss, der sich durch dein Wachstum und die damit resonierende Umgebung ergibt.

Du kannst dir sicher sein, dass dir zum richtigen Zeitpunkt die richtige Lösung einfällt oder dir von außen gegeben wird. Bis dahin ist es gut, dich an die Faustregel zu halten: Ein Schritt nach dem anderen.

Diese Formel benötigt viel Geduld und wer trotz Empathie auch recht zielstrebig ist, hat damit mitunter vielleicht Schwierigkeiten. Doch auch die kleinen Schritte bringen dich zum Erfolg. Sie sind daher nicht zu verachten und auch diese kannst du mit Achtsamkeit und im Moment gehen, so, dass sie sich wichtig und lebendig anfühlen. Denk ans Zähneputzen und das Lächeln, das auch in zehn Jahren deinen sozialen Kontakten noch guttut!

Inspiration

Den richtigen Zeitpunkt finden

Zäume das Pferd von hinten auf: Was genau ist dein Ziel, welche Berufung strebst du an? Was genau wirst du tun, wenn du in deiner Berufung stehst?

Nun stelle dir genau vor, welcher Zeitpunkt realistisch ist, gemessen an dem Einsatz, den du bringen möchtest und kannst, um dein Ziel zu erreichen. Wenn du beispielsweise deinen Job noch nicht kündigen kannst, um diese wichtige Ausbildung zu absolvieren und diese daher nur in Teilzeit antreten kannst, wird es länger dauern, dein Ziel zu erreichen.

Spürst du bei diesem Prozess, dass der realistisch angepeilte Zeitpunkt dir zu lang erscheint, überdenke deine Bereitschaft, mehr Zeit und Energie zu investieren, um dein Ziel zu erreichen. Vielleicht kannst du eine bestimmte Aufgabe an andere delegieren und sie dafür bezahlen, anstatt die Ausbildung zu absolvieren, die nötig ist, um die Schritte selbst zu tun? So sparst du eine Menge Zeit.

Im Kern geht es darum, zu entscheiden, welche Ressource du an welchem Hebel ansetzen möchtest, um die Dinge ins Rollen zu bringen.

Hast du den Zeitpunkt herausgearbeitet, den du als stimmig empfindest, lege dir nun einen Plan zurecht, wie du dieses Ziel erreichen kannst. Setze dir zeitliche Meilensteine, mit deren Eingliederung du erkennen kannst, was als Nächstes zu tun ist.

> Wo möchtest du in einem Jahr stehen? Was musst du dafür in den kommenden sechs Monaten erreichen, womit kannst du in drei Monaten beginnen, was kannst du schon kommende Woche anpacken?
>
> Beginne in kleinen Schritten. Auch der Anruf beim Amt, die E-Mail mit der Anfrage und die Klärung einer bestimmten Beziehung kann wichtig sein.
>
> Vergiss deine Intuition nicht, lass dein Bauchgefühl diesen Prozess mitgestalten. Als Empath wird es dir bedeutend leichterfallen und mehr Freude bereiten, wenn du kreativ und mit dir verbunden an deinen Plänen bastelst, anstatt trocken und nüchtern nur Fakten abzuarbeiten.

Im Dunst der Dualität

Vielleicht leidest du, wie viele idealistische Empathen, hin und wieder an dem schmalen Grat zwischen Wunsch und Wirklichkeit, Traum und Realität, Gut und Böse. In dir brennt ein Feuer, doch deine äußere Welt sieht so anders aus, so weit weg von dem, was du dir erträumst.

Genau dafür ist der Traum von einer Berufung gemacht. Die Suche nach Sinn soll die Brücke bilden zwischen dem was ist, und dem, was werden will.

Du als Empath und Träumer spielst eine wichtige Rolle in dieser Entwicklung. Du kannst deinen Teil dazu beitragen, in deiner Umgebung Hoffnung zu spenden, denn jeder Mensch mit einer Berufung im Herzen bringt Hoffnung in diese Welt.

Vielleicht macht dich diese scheinbare Grenze zwischen Hoffnung und Erfüllung manchmal traurig. Erinnere dich daran, dass es vielen Menschen so ergeht, die erlauben, dass das Leben sie berührt und sie spüren, was vor sich geht. Es ist ein Zeichen dafür, dass wir am Leben sind und bereit dazu sind, mitzuspielen.

Halte den Kontakt zu Menschen, die ähnlich fühlen wie du. Ermutigt euch gegenseitig, bildet eine Visionsgruppe, überlegt, welche gemeinsamen Aufgaben ihr zusammen angehen könnt und freut euch gemeinsam auf und über das Gute, das ihr in diese Welt bringt.

Nachwort

Nun hast du eine tiefe innere Reise mit vielen Tipps, Inspirationen und praktischer Anleitung bekommen, um deiner Berufung auf die Spur zu kommen und sie mit den passenden Gegebenheiten in Gang zu bringen.

Das Nachwort gilt dem, was danach kommt – es ist wie bei einer Liebesbeziehung: Der Weg aufeinander zu ist spannend, lehrreich, gefühlvoll und aufregend wie in einem Film. Doch an dieser Stelle endet der Film, obwohl es eigentlich erst dann richtig losgeht, wenn sich beide gefunden haben.

Du und deine Berufung, ihr werdet mit jedem schönen Erlebnis, mit jeder gemeisterten Herausforderung mehr eins. Es ist tatsächlich so – wenn du erst einmal weißt, was du möchtest, den Sinn für dein Handeln in dieser Welt festgemacht hast und weißt, wo dein Platz ist, ist es nicht vorbei, sondern es fängt gerade alles erst an.

Betrachten wir zum Abschluss den Zahlenstrahl deines Lebens in deiner Vorstellung:

Du wirst geboren, bist voll und ganz präsent, anwesend, lebst in und mit deinem Körper, erfährst dich als Einheit mit deiner Umgebung. Die Erfahrungen der ersten Jahre prägen dich, du machst die Erfahrung der Trennung immer wieder, die Verletzungen rutschen hinab ins Unbewusste. Mit der Frage nach dem Sinn erscheint irgendwann all der Schutt wieder an der Oberfläche.

Nun begutachtest und sortierst du ihn, du heilst, du begibst dich bewusster geworden auf die Suche nach deiner Aufgabe in dieser Welt. Viele Menschen glauben, dass du mit dem Wissen um jene Aufgabe bereits auf die Welt kommst und irgendwann nur vergisst. Deine Lebenserfahrung ist es nun, dich zu erinnern und zu deinem Kern zurückzufinden.

Andere Menschen glauben, dass die Frage nach dem Sinn schlicht mit dem Erwachsenwerden entsteht, Teil eines natürlichen Prozesses von Werden und Vergehen ist.

Wie auch immer du die Sinnfrage für dich beantwortest, deine Berufung gibt dir damit einen eindeutigen Hinweis auf deine persönliche Geschichte. Zudem darf sich diese Geschichte stetig wandeln. Du bist ein lebendiges Wesen, das seine Meinung, Haltung, Weltanschauung und auch seinen Charakter entwickeln und verändern kann und darf. Auch deine Berufung darf sich dem immer wieder anpassen.

Ist es demnach nicht schön, zu wissen, dass man sich nicht festlegen muss?

Wieder einmal ist es wie mit einer Liebesbeziehung: Du bist freiwillig da, wo du gerade bist. Jeden Tag neu. Du musst nicht entscheiden, dass dies das Richtige für den Rest deines Lebens sein muss, auch wenn das durchaus möglich ist und eine herrliche, tiefe Erfahrung sein wird. Aber im Hier und Jetzt - in diesem Moment, da ist diese Berufung genau auf dich zugeschnitten und du kannst Wundervolles damit bewirken.

Um es mit den Worten von Eva Maria Zurhorst zu sagen:

„Berufung im pragmatischen Sinn ist das Gefühl, da, wo ich bin, bin ich gerade richtig."

Quellen und weiterführende Literatur

Bak, P. M. (2015). *Zu Gast in Deiner Wirklichkeit: Empathie als Schlüssel gelungener Kommunikation.* Springer Spektrum.

Bergner, S. (2021). *Erfolgreich ist, wer mitfühlt - Emotionale Intelligenz: EQ - sich selbst & andere besser verstehen. Wie Sie Gefühle beeinflussen und Empathie lernen.* Virtuoso Verlag.

Berufungsberatung. *Zitatensammlung zu Berufungsfindung und Berufungsberatung.* Berufungsberatung nach Ursula Maria Lang. https://berufungsberatung.com/pr-medien_berufung/zitate/

Carpenter, K. (2020). *The Empath's Workbook: Practical Strategies for Nurturing Your Unique Gifts and Living an Empowered Life.* Rockridge Press.

Cassil, A. (2020). *The Empowered Highly Sensitive Person: A Workbook to Harness Your Strengths in Every Part of Life.* Rockridge Press.

Cuff, B. M., Brown, S. J., Taylor, L., & Howat, D. J. (2014). Empathy: A Review of the Concept. *Emotion Review, 8*(2), 144–153. https://doi.org/10.1177/1754073914558466

David, S. (2016). *Emotional Agility: Get Unstuck, Embrace Change, and Thrive in Work and Life.* Avery.

Davis, M. H. (2006). Empathy. *Handbooks of Sociology and Social Research,* 443–466. https://doi.org/10.1007/978-0-387-30715-2_20

de Rosa, W. (2021). *Becoming an Empowered Empath: How to Clear Energy, Set Boundaries & Embody Your Intuition.* New World Library.

Dispenza, J. (2013). *Ein neues Ich: Wie Sie Ihre gewohnte Persönlichkeit in vier Wochen wandeln können.* Koha Verlag.

Hein, M. (2018). *Empathie: Ich weiß, was du fühlst.* GABAL Verlag GmbH.

Heintze, A. (2019). *Hochsensibel im Beruf: Wie du dank deiner Empfindsamkeit erfolgreich wirst.* mvg Verlag.

Heintze, A., & Hummer, A. H. (2018). *Die Gabe der Empathen: Wie du dein Mitgefühl steuerst und dich und andere stärkst.* mvg Verlag.

Knopp, J. (2021). *Ich kann viel und das ist gut so!: Erkenne deine Stärken und entfalte dein volles Potenzial als hochsensibles Multitalent.* Remote Verlag.

Mochere, V. *Beste Zitate von Oprah Winfrey.* Victor Mochere. https://victor-mochere.com/de/best-quotes-from-oprah-winfrey

Riess, H. (2017). The Science of Empathy. *Journal of Patient Experience, 4*(2), 74–77. https://doi.org/10.1177/2374373517699267

Rohleder, L. (2021). *Die Berufung für Hochsensible.* dielus edition.

Singer, T., & Klimecki, O. M. (2014). Empathy and compassion. *Current Biology, 24*(18), R875–R878. https://doi.org/10.1016/j.cub.2014.06.054

Spiro, H. (1992). What Is Empathy and Can It Be Taught? *Annals of Internal Medicine, 116*(10), 843. https://doi.org/10.7326/0003-4819-116-10-843

Stahl, S. (2015). *Das Kind in dir muss Heimat finden: Der Schlüssel zur Lösung (fast) aller Probleme.* Kailash.

Tissot, S. (2021). *Hochsensibilität und die berufliche Selbstständigkeit: Wie sich ein Sensibelchen selbstständig machte und seine Lösung für das hochsensible Berufsleben fand.* dielus edition.

Zurhorst, E. (2019). *Liebe kann alles: Wie du mit deiner weiblichen Kraft zur Schöpferin deines Lebens wirst - Das Transformationsprogramm.* Arkana.